OHSAMA BUNKO

ほとけさまと
心が「ほっこり」温まるお話

岡本一志

三笠書房

はじめに……ちょっと心を温めてみませんか？

もし、お釈迦さまが、今のこの時代に現われていたらどんなアドバイスをされるのでしょうか？

先行きが見えない不安の中でどうしたらいいか、多くの人が戸惑っています。友人と出会い、家族と旅行や食事に行く、そんな日常が日常でなくなった閉塞《へいそく》感。家にいることが増え、身近な人の気がつかなかった一面が見えてしまったり。いいことやうれしいことがあっても、心の底から喜べない、安心できない。気づかないストレスに疲れてしまっている――。

これまでにないことに悩んだり、迷ったり、ほっとひと息がつけない私たちに、お釈迦さまはどんな「生きるヒント」をくださるのでしょうか？

お釈迦さまは今から2500年前、インドに現われた方ですが、その時代は、この現代よりももっと殺伐《さつばつ》とした時代でありました。突然の疫病《えきびょう》や災害、戦争や紛争に振り回され、不安の中で、懸命に生きる人たちがたくさんいたのです。

お釈迦さまが多くの人を魅了したのは、それらの方に寄り添いながらちょっとひと息、ほっとできるいいお話をたくさん残していかれたからです。

たとえば——

・何かと衝突するカップルに、「あなた方は、自分を天子《てんし》のようだと思うか、屍《しかばね》のようなものと思うか?」と尋ねられ、**仲直りの秘訣**を教えられたり、

・噂やデマに振り回された弟子に、「私の言葉でも、うのみにしてはならないよ」と**自分で判断することの大切さ**を教えられたり、

・イライラを感じるのは、それだけこだわりがあるからで、しなやかさを身につけることで、**優しい気持ちでいられること**を教えられたり、

・どうしたら他人の評価に振り回されず、**自分自身の人生を楽しめるか**を教えら

れたり、

・大切な人を失った悲しみに、どのように向き合えばいいかを**じっとそばにいること**で教えられたり、

・過去の後悔から立ち上がり、**未来へ一歩踏み出す後押し**をしていかれたり――。

人生の荒波に翻弄《ほんろう》され苦しみ悩む人に、あるときは対話を通して、あるときはたとえ話を通して、あるときは歌のかたちで優しく教え説かれ、こわばった心を解きほぐし、温めていかれました。

本書は、たくさんのお釈迦さまのエピソードやその教えから、今の私たちに大切で必要なお話をまとめました。

この中に、きっとみなさんの悩みの解決とヒントがあります。

不安な現代をたくましく生きていける「**お釈迦さまのアドバイス**」をぜひ受け取ってください。

岡本 一志

もくじ

1章 自分を大切にするお話

2章 悲しみや怒りがしずまっていくお話

3章

心配や不安から抜け出すお話

4章　そっと背中を押してくれるお話

5章 ご縁《つながり》に気づくお話

6章 日々を心穏やかに生きるお話

本文イラストレーション◎古谷充子

1章

自分を大切にするお話

「人は皆、自分が一番大事」。だから……

私たちは自分に余裕がないと、なかなか相手を大事にできないものです。

他人のために貢献することは素晴らしいことですが、自分を犠牲にしてまで、他人のために貢献するというのも、おかしな感じがします。

正直、自分が大事か、他人が大事かと問われると、「自分自身が大事だ」と答える人がほとんどでしょう。

といっても、自分が大事ということを推し進めて、みんなが自分勝手にふるまっていくと、めちゃくちゃな世の中になってしまいます。

自分を大切にすることと、他者を大事にすることについて、どのように考えればいいのでしょうか？

このことについて、お釈迦さまがある王さまに次のように答えられました。

コーサラ国の王、パセーナディーは、城の高台から城下町を眺《なが》めていました。河から荷物を引き上げる人や、街路で商いをする人、にぎわう街を行きかう人が、王である自分とは無関係にそれぞれの生活のために働いている様子に、ふと、人と人とのつながりとは一体何だろうかと考えました。王は隣にいた妃《きさき》、マリッカーに尋ねました。

「マリッカーよ、お前には自分よりもいとしいものはあるか？」

マリッカーは、少し返事をためらっていましたが、しばらくして、

「王さま、私には、自分よりもいとしいものはありません。王さまは、いかがですか？」

「マリッカーよ、正直にいえば、私も自分よりもいとしいものはない」

マリッカーは、王の意見と自分の意見が同じだったのでほっとしましたが、王は満足できませんでした。

人が皆、自分だけがいとしいとしたら、この世は一体どうなるのだろうか？

それぞれが、自分勝手に生きたなら、世の中はたいへん乱れてしまう。


王は、この疑問をお釈迦さまに尋ねてみることにしました。

お釈迦さまは深くうなずかれ、こう答えられました。

「人は皆、自分ほどいとしいものはありません。

ほかの人々も同じように、自分がもっともいとしいものです。

それだからこそ、自分勝手な都合のために、他人を傷つけることは、結局自分を傷つけることになるのです」

すると王は、

「人は皆、自分が一番いとしい、それだからこそ、ほかのものを傷つけてはならない……………。そうか、そうなのですね」

深く納得し、満足したというお話です。

このお話は、自分を大切にすることと、他者を大切にすることはまったく別のことではなく、他者を大切にすることは自分を大事にすることでもあることを教えています。

お釈迦さまがいわれるように「自分がいとしいということは、相手もまた、自分自身をいとしく思っている」ことになります。

もし、あなたが自分勝手な理由で、相手を傷つけたとしたなら、相手は、大事な自分を傷つけられた悲しみや怒り、恨

みで仕返しし、あなたを傷つけるかもしれません。そうなると、結局、あなたにとって一番いとしい自分が傷ついてしまいます。

自分にとって自分が大事なように、相手も自分を大事に思っているから、自分自身を守るためにも、他人を傷つけてはならないということでしょう。

相手を大切にすることは、自分自身を大切にすることにもなるのです。

お釈迦さまは、私も相手も、ともに幸せに生きる道を教えていかれました。これを自利利他《じりりた》といいます。利とは幸せのことです。

自分が幸せになることで、相手が幸せになる。

相手を幸せにすることで、自分が幸せになるということです。

幸せは、私と相手の間に咲く花です。

「ガタピシ（我他彼此）」するのが人間関係

「俺が」「私が」と自分ばかりを見てしまうと、協力ができなくなり、人間関係がうまくいかなくなってしまうものです。

お経の中に「群盲《ぐんもう》象をなでる」という話があります。
ある王さまが、目の見えない人たちを集めて、象を触らせました。
象の鼻を触った人は、「これは太い縄です」
象の耳を触った人は、「大きな布です」
象の胴体を触った人は、「壁です」
と口々に答えました。

そして、「これは縄だ」「いや布だ」「何を言っている、壁だ」と言い争いになったという話です。

部分だけを見ていては全体はわからず、目の前のことに固執すると、対立や争いを生んでしまうことを教えています。職場や家庭の中でも、自分がこれだけ頑張っていると主張するあまり、対立や争いを生んでしまうことがありますね。

このことを深く知らされるアメリカのハーバード大学の調査結果がありました。研究グループの学生たちにグループの中での自分の貢献度合いを自己評価してもらいました。それぞれの答えた割合を足し合わせると、全部で何%になったでしょうかというものです。

もし、正確に自分の貢献度合いを評価していたならば、足し合わせたものは100%になるはずです。

この調査の結果は、140%でした。

自分の貢献度合いを、平均4割増しで評価していたことを意味しています。

まわりのことを認めたくない、自分を少しでもよく見たいという心は誰にもありますから、自分の貢献度合いを割り増して評価してしまうのはわかりますが、4割増しというのはちょっと驚きですね。


この調査には続きがあり、回答した学生に、

「もう一度、同じメンバーと研究がしたいですか?」

という質問をしたところ、先ほどの割合が高いグループほど、

「いいえ」

と回答する人が多かったそうです。これは、自分の貢献度を高く評価する人が多いほど、チームワークがうまくいっていないことを意味しています。


扉の立て付けが悪く、開け閉めがぎくしゃくするさまを「ガタピシ」といいま

す。この「ガタピシ」は、「我他彼此《がたひし》」という仏教の言葉が語源になっています。我他彼此とは、我は自分、他は他人、彼はアレ、此はコレで、自分と他人、あれとこれが対立して、ぶつかっているさまを表わしています。

この調査が示すように、「俺が」「私が」と自分の頑張りばかりを見ていると、人間関係がガタピシしてうまくいかなくなるものですね。

では、どのように心がけていけばいいのでしょうか？

お釈迦さまは、**知恩、感恩、**報恩を教えていかれました。

恩とは「お陰《かげ》」ということで、私たちはさまざまなお陰やつながりに支えられて生きています。そのつながりや支えに目を向けるのが知恩です。

感恩というのは「感謝」ということです。一人でない、さまざまな支えがあって今があるということを知ると、「ありがたいな」と自然と感謝の心になります。

感謝というのは、さまざまな支えに気づく、知恩から生まれる心ですね。

報恩とは、自分を支え育ててくれた人やものにお返ししたいという心です。

知恩から感恩の心が生まれ、感恩から報恩の心になります。

この調査にはさらに続きがあり、

「ほかのメンバーはどんな貢献をしていますか？」

という質問をしたうえで、自分の評価をしてもらったところ、先ほどの4割増しがぐっと下がったそうです。

「周囲はどのような貢献をしてくれているか」

ということに目を向けると、自分ばかりに向いていた目がまわりに向き、自分だけが頑張っているのではないということに気がついたからでしょう。


知恩から感謝の心が生まれ、感恩から報恩の心になります。

知恩が、感謝の心の第一歩です。

「ほかの人はどんなことをしてくれているのだろう」と全体に目を向けていくことが人間関係をスムーズにしていく心がけですね。

「善人同士」だからケンカになる？四組の夫婦の話

縁あって夫婦になっても、なかなかうまくいかないものです。好きで一緒になったのに、ケンカや争いが絶えずに悩んでいる人は昔も今も少なくはありません。お釈迦さまの時代も、夫婦仲で悩む人はありました。

実はケンカになるのは、お互いが善人だからなのです。逆に、悪人同士だとケンカになりません。お釈迦さまはどのようなアドバイスをなされているのでしょうか。こんなお話があります。

夏の暑い午後、お釈迦さまは、道のかたわらにある大樹の木陰で体を休めておられました。

その大樹の木陰に老夫婦が日差しを避けるためにやってきました。老夫婦は、お釈迦さまに気がつくと遠慮して立ち去ろうとしましたが、お釈迦さまは老夫婦をいたわり、そこに呼び止められました。

「お休みのところ申し訳ございません。こんなところで、お釈迦さまとお会いできるなんて光栄です」

「街に行かれるのですか？」

「息子夫婦のところに行くのですが……」

と老夫婦は歯切れが悪そうに言いました。

「何かお困りのことでもあるのですか？」

老夫婦はお互いの顔を見合わせて、

「実は悩みがございまして、息子夫婦のケンカやいざこざが絶えず……。恥ずかしいことですが、仲裁に行く道中なのでございます。こうしてお会いできたのも何かのご縁、お釈迦さま、私たちに教えを説いてくださらないでしょうか」

釈尊《しゃくそん》は、にっこり微笑《ほほえ》んで口を開かれました。

「**夫婦には四つの組み合わせがある**ことをご存じですか？

①屍のような男と、屍のような女
②屍のような男と、天女《てんにょ》のような女
③天子のような男と、屍のような女
④天子のような男と、天女のような女

この四つの組み合わせです」

キョトンとする老夫婦に、さらにお釈迦さまは教えを説いていかれました。

「最初の①屍のような男と、屍のような女とは、**夫も妻も互いに思いやりの心がなく、わがままで自分のことしか考えず、口を開けば不平や文句しか言わない夫婦のこと**です。

そういう夫婦は常にいがみ合い、なじり合い、傷つけ合い、生きる喜びがありませんから、屍の如《ごと》しです。

次に、②屍のような男と、天女のような女とは、**思いやりがなく、自分勝手でわがまま放題な夫に対して、妻は慈悲深く慈《いつく》しみの心を持ち、ウソをつかず誠実な心で日々を励んでいる夫婦のこと**です。

③天子のような男と、屍のような女とは、その逆です。

最後に④天子のような男と、天女のような女とは、**ともに慈しみの心を持ち、ウソをつかず誠実に生きる者同士の組み合わせ**です。

さて、あなた方はこのどれに当てはまりますか？」

と釈尊は尋ねられました。

夫が先に、

「はい、私たちはたぶん、屍のような男と、天女のような女の組み合わせだと思います。これまで私はさんざん、家内に迷惑をかけてきましたが、そんな私をずっと支えてくれましたから」

すると、妻が首を強く横に振って、

「とんでもございません。私たちは、天子のような男と、屍のような女の組み合わせでございます。私がどんなひどいわがままを言っても、夫は黙って聞いてくれました」

釈尊はそれを聞いて微笑まれ、

「あなたたちのように謙虚でお互いを思いやる人たちにとっては、それぞれが自分のほうが未熟で、相手が優れているように見えるものです。しかし、その逆で、自分のほうが優れていて、相手のほうが未熟だと見る夫婦もいるでしょう。
さて、あなたたちの息子さん夫婦は、いかがでしょうか？　あなたたちから、この四つの夫婦についてお話しになってみてはいかがでしょうか」

夫婦の場合に限らず「自分はできている、お前はできていない」――お互いがこんな気持ちだとケンカにしかなりません。自分が善人だと思っていると、自分自身の間違いや未熟さを認めることができません。

この老夫婦のように、「自分はお粗末なところばかりの悪人だなー」と自分の欠点を自覚できると、そんな自分を支えてくれている相手を仰《あお》ぐ気持ちになります。

お互いが悪人だと自覚できるとケンカにはなりません。
ケンカになるのは、お互いが自分は善人だと思っているからです。

相手の心に一生残る「まごころの伝え方」

ロシアの文豪ツルゲーネフという人が、たいへん貧しい時代にこんなことがありました。

寒い日、見るからにボロボロの男が、道端で、物乞《ものご》いをしていました。

「旦那さま、なんでもいいので恵んでくださいませんか」

貧しさの苦しみを自分も身にしみて感じていたツルゲーネフは、何か施《ほどこ》すものはないかとポケットを探ります。しかし、上着には小銭もないし、タバコもない、ハンカチも入っていません。

何も持っていないツルゲーネフは、目に涙を浮かべて男の震える両手を取り、

「兄弟よ、何も施すものがない。すまない」

とギュッと握りしめました。

男は、

「旦那さま、ありがとう、それもまた施しですよ」

とうれしそうにつぶやいたと言われます。

施すものがなくても、助ける力がなくても、励ます言葉がなくても、精いっぱいのまごころが伝われば相手の心を温かく励ますことができます。

お釈迦さまの時代にも、こんなお話がありました。


夕暮れ時でありました。お釈迦さまの説法を聞きに、多くの人が集まっていました。

日が暮れても、説法を聞くことができるように、そこには、無数の灯《あかり》があかあかと夜の帳《とばり》を照らしていました。皆、真剣に説法に聞き入っていました。

その中、一人の老女が、

「多くの人の心の闇を照らす教えを説かれるお釈迦さまに、何か、自分も布施《ふせ》をしたい。そうだ、夜の闇を照らす灯を一灯だけでも布施させていただこう」

という気持ちを起こしたのです。

老女はたいへん貧しく、その日を暮らしていくのがやっとの生活でした。灯をともす油は高価なもので、老女には縁のないものでしたので、いくらするかわかりませんでしたが、それでも、家の中のお金をかき集め、油屋に行ったのです。

ところが、持ってきたお金は、一灯分の油代にとても及ばないものでした。

「一体、どうしてお前に、油なんて必要なんだ？」

と尋ねた油屋の主人に、老女は自分の思いを話すと、心意気に感激した主人は、

「そうか、そういうことなら、残りの分は俺が布施しよう」

と一灯分の油を渡してくれたのです。老女は喜びました。そして、灯を布施することができたのです。

老女の灯は、他の無数の灯の中でも、特に温かく輝いていました。

お釈迦さまの説法が終わった後、弟子の目連《もくれん》が、灯を消してまわっていたところ、不思議なことに一つの灯だけがどうしても消えません。

目連は、お釈迦さまに報告すると、

「目連よ、お前がどれほどの力を持っていたとしても、その灯を消すことはできないだろう。なぜなら、その灯は今日、一人の老女が、『一切の人々の幸せあれかし』というまごころから布施されたものだからだ」

とお釈迦さまはお答えになられました。

このお話は、**「長者の万灯《まんとう》よりも貧者の一灯」**という言葉とともに、語り継がれているお話です。

お金や物を持っている長者がなされた万《まん》の灯の布施も素晴らしいが、貧しい人が精いっぱいのまごころでなされた一つの灯のほうが、もっと素晴らしいという

ことです。

最初にあげたツルゲーネフの話のように、まごころから出た一言が、相手の心を照らし、勇気づけ、励ますこともあります。

「親身になって話を聞いてくれたことが本当にうれしかった」
「一緒に泣いてくれたことに、心の底から救われた」
「あの一言に、今でもずっと支えられています」

こういうことが誰にでもあるのではないでしょうか。

お釈迦さまが、その灯は決して消えることはないとおっしゃったのは、**まごころからの施しは、その人の心の中をずっと、あかあかと消えることなく照らし続けるから**なのでしょう。

寂しいときは「今」に「心」を向けて念じる

たくさんの人に囲まれていても、孤独を感じることがありますし、一人でいても孤独を感じないこともあります。人生には孤独がつきものですが、寂しいときやつらいときは、どのように心を癒せばいいのでしょうか。

孤独とは心の状態です。心の持ち方一つで、孤独から抜け出す方法があります。

仏教に、**四無量心《しむりょうしん》**という教えがあります。**四つのことを心で念じるだけで、幸せが限りなく広がるという教えです。**

四つのこととは、**慈《じ》・悲《ひ》・喜《き》・捨《しゃ》**です。

慈――相手の幸せを念じる心
悲――相手の苦しみを抜いてあげたいと思う心
喜――相手の幸せをともに喜ぶ心
捨――相手への恐れを捨てる心

どんな人も一人で生きている人はいません。かならず何かの関わり合いの中で生きています。孤独を感じることはあっても、孤立して生きている人は誰もいません。これまで生きてこられたということは、かならず誰かの何かの支えがあってのことです。

心を落ち着け、目を閉じ、深く呼吸をして、関わる人、支えてくれた人を心に思い浮かべてみましょう。それだけであなたはもう、一人ぼっちではないと気がつくでしょう。

念じるだけでは意味がないと思うかもしれませんが、最初にお話ししたように、

孤独というのは、心の状態です。幸せ、不幸せも、心の状態です。

念ずるの「念」という字は、「今」「心」と書くように、幸せを念じるとは、今、自分の心を幸せに向けるということです。

自分を支えてくれている人を思い浮かべ、その幸せを念じてみると、孤独や寂しさから離れ、幸せに向かうことができます。

「誰かと分けても減らない幸せ」はどこにある?

お釈迦さまは、

「一本のたいまつから何千人の人が火を取っても、元のたいまつは、元の通りであるように、幸福はいくら分け与えても減るということがない」

とおっしゃっています。

幸せとは、本来どれだけ人に分け与えても、減ることはないものだということです。

お金や財産、衣食などを整えるのはとても大切ですが、それだけあれば幸せかというとそうではありません。

衣食には困っていなくても、不平や不満で生きる喜びのない毎日を送っている人もいます。皆「感謝されたい」「大切にされたい」「理解してもらいたい」と思っています。幸福とは思いやりや感謝、お互いを認め合い、理解し合うことと言って間違いないのではないでしょうか。

感謝や思いやりという幸せは、「自分に感謝しろ」「自分を大事にしろ」「自分のことを理解しろ」という一方通行では成り立ちません。お互いがお互いを大事に思い、理解しようと向き合い、感謝し合う中に芽生えるものです。一方通行で

なく、双方向なものです。

そして、お互いの中に芽生えた感謝や思いやりの感情は、それを共有しても消えたり減ることはないでしょう。シェアすればするほどその喜びは広がり、分け与えた人の幸せも深さを増していくのではないでしょうか。


ある会社の社長さんと話をしたときのことです。

その人は若いころは、強引なやり方で会社を急成長させましたが、不満と反発で副社長が社員を連れて離反してしまいました。そのときは、怒りや悔しさで毎日、苦しく眠れない日が続いたと言っていました。

そこから、猛反省して社員たちを大切にするようにしたそうです。

すると、社員からのお礼や感謝のメールが届くようになりました。

社員たちは自分の言うことさえ聞いていればいいのだと思っていたときは、孤独だったし、仕事に対しての喜びがなかった。ところが、今は、社員の成長を喜び、会社の発展をお互いに喜び合える関係になりました。

離反されたことが、自分に大きな気づきを与えてくれましたとしみじみ語っていました。

お互いを尊重し、苦楽をともに分かち合える。

お釈迦さまがおっしゃった「分けても減らない幸せ」とは、こういう幸せのことなのです。

思いやりや感謝という幸せは、分けても減らないどころか、シェアすればするほど増えていくものです。

「人を見下ろす心」が生まれそうになったら

物事がうまくいくと、気持ちが大きくなるものです。

得意になっているさまを「有頂天になる」といいますが、この**有頂天**とはどんな意味でしょうか？

有頂天とは仏教用語で、**有（形あるものの世界）で頂上にある天界のこと**をいいます。天人の世界の中でも、最もいい世界のことです。ここから、**物事がうまくいって、今が一番いいときを「有頂天」というようになりました。**

有頂天になると、いい状態がいつまでも続くように思ってしまい、どや顔でまわりを見下したり、気持ちがおごり、偉《えら》ぶってしまいます。

しかし、人はずっと山の頂上に居続けることはできません。山頂に登っても、やがてそこを下っていかねばなりません。

ところが、そのことがわからずに、ずっといいときが続いていくように錯覚《さっかく》し、うぬぼれて偉くなってしまうのが、人間の慢心です。

昔、奈良時代に久米仙人《くめのせんにん》という仙人がいました。

この久米仙人は、修行を積んで神通力《じんつうりき》を身につけ、雲に乗って空を飛ぶことができました。

空から見下ろす下界《げかい》は、爽快なものでした。

そのうち、だんだん自分が一番偉いと、下界を見下ろす心が起きてきました。

あるとき、若い娘が着物の裾《すそ》を捲《まく》し上げて、太ももをあらわにして川で洗濯をしていました。

空から見ていた久米仙人は、その娘の姿態に心奪われ、もっと見えないだろうかとのぞきこんだところ、神通力を失ってドスンと落ちてしまいました。

久米仙人は初心に立ち返り、ゼロから修行をやり直すためにそこに建てたのが久米寺であるという言い伝えがあります。

物事がうまくいくと、久米仙人のように、上から見下ろす心が出てきます。しかし、ずっといい状況が続くことはないのです。

どんなに成功を収めた人であっても、病気になり、介護してもらい、トイレの世話をしてもらわねばならないときがくるでしょう。

年を取り、目がかすみ、耳も遠くなると、自分で身のまわりのことができなくなるときがかならずやってきます。元気で調子のいいときは、そんなことがくることを考えもしませんが、どんな人にも、かならず誰かのお世話にならなければならないときがくるのです。

そういう自分の未来の姿を考えると、調子がいいときこそ、おごる心を戒《いまし》めねばならないと知らされます。

昔から、

年寄り笑うな行く道じゃ　子供叱るなきた道じゃ

と言われます。

立ち居もままならなく、難儀されているお年寄りの姿は自分の行く道、未来の姿です。何度やっても失敗してしまう子供の姿は、自分の通ってきた過去の姿です。

何もできない赤ん坊のときから、手取り足取り教え育ててくれた人があったから、今の自分があります。そして、今の自分はやがて、一人では何もできなくなって、誰かに支えてもらわねばならないときがきます。

これはどんな人も通らなければならない道です。このことを深く見つめると、謙虚な気持ちに立ち返ることができます。

2章

悲しみや怒りがしずまっていくお話

「怒らないこと第一」といわれた仏弟子スボダイの心がけ

現代はストレス社会といわれます。さまざまなストレスにさらされ、カッとなったり、イライラしたりで悩んでいないという人はいないのではないでしょうか。

お釈迦さまにスボダイという弟子がいました。スボダイは、弟子になる前は、たいへん短気だったといわれますが、お釈迦さまの教えを聞いて深く悟り、弟子の中でも、**無諍第一**《むじょうだいいち》といわれて、**言い争いをしないという点でとても優れている**とたたえられました。

お釈迦さまの弟子同士、言い争いがあったのかと意外に思われるかもしれません。お釈迦さまには、たいへん弁が立つ弟子がたくさんいましたので、議論する中でついつい熱が入り、言い争いのようになってしまうこともあったのでしょう。その中、スボダイは誰と話しても温厚に、感情を乱すことなく、相手の話をよく聞き、自分の意見を丁寧《ていねい》に伝えることに優れていたのです。


さて、このスボダイには、もう一つ優れている点がありました。

それは**解空第一《げくうだいいち》**といって、**仏教の重要な教え……「空《くう》」を深く理解することにおいて、スボダイの右に出るものはいない**とたたえられていたのです。

そのスボダイに、こんなお話が残っています。


遠い国に布教に行かれていたお釈迦さまが戻ってこられました。弟子たちはこぞって、お釈迦さまのお出迎えに町の入り口まで向かいました。

ところが、スボダイはふと立ち止まって、

「待てよ、町の入り口でお釈迦さまのお帰りを待つことが、お釈迦さまを出迎えるということになるのだろうか？

そもそも、私たちにとってお釈迦さまとはいかなる方なのだろうか？

お釈迦さまは、真実の教えを私たちに説き表わしてくださる方ではないだろうか？

ということは、町の入り口でお帰りを待つよりも、ここで静かにお釈迦さまの教えを振り返ることが、お釈迦さまの心にかなったことになるのではないだろうか」

このように考えたスボダイは、ほかの弟子たちがお出迎えに行くのを横に見ながら、自分は静かに座禅瞑想をして、お釈迦さまのこれまでの教えを振り返ったのです。

このことを聞かれたお釈迦さまは、にっこりうなずかれて、

「スボダイこそが、私の心に最もかなっている。私の説いた教えを振り返ることが、私を出迎えることになるのだから」

とおっしゃったと言われます。

スボダイは、目の前に見えるものにとらわれず、物事の本質を深く考える人だったのでしょう。

そのスボダイが、ほかの弟子よりも最も深く理解していたのが「空」という教えでした。

般若心経《はんにゃしんぎょう》というお経にも、**「色即是空《しきそくぜくう》」**という有名な一説がありますから、「空」という言葉はご存じの方も多いと思います。これは**深い悟りの境地を表わしたもので、「無我」ともいいます。**

すべての物事は、因縁《いんねん》が合わさって生じたもので、変わらぬ実体はないということです。

スボダイは、この「空」の理《ことわり》を、ほかの弟子の誰よりもよく理解していたので、どんな意見や考えもいつでもどこでも変わらずに正しいということはなく、その時々の立場や状況によって、変わるものであることを深く心得ていたのです。

私たちが言い争いになるのは、意見と意見がぶつかったときです。

お互いが、自分の意見が正しいと思って譲《ゆず》らないので言い争いになってしまいます。しかし、「自分の意見」といっても、どんな状況においても誰から見ても正しいかというと、そうではありません。

間違いないと思っていても、置かれた立場や状況が変わると、

「まあいいか、それほどこだわることではない」

「あのときはそう思っていたけど、それはその状況だからそう思っていたのだな」

と変わっていくものです。

ある大手の製薬会社を退職した方から、こんな話を聞いて、思わずクスリと笑ってしまったことがあります。

その方は、聞けば誰でも知っている有名な栄養ドリンクの開発に携わった方で、

そのドリンクに配合されている物質は、その会社が初めて特許を取ったものだそうです。

ところが、その特許が切れたとたん、ほかの会社がマネをして似たような製品を安く出しました。その方は、その会社にいるときは、意地でも他社の製品を買って飲んだりしなかったそうですが、退社すると「安いからまあいいか」とほかの会社の製品を飲むようになったと言っていました。

会社にいたころは、自分が研究開発に携わったものだということから、他社製品を飲むことなどありえないと思っていた。しかし、会社から離れると、そこまでこだわることでもないと、考えが変わってしまったというのです。

この方に限ったことではなく、誰しも、「自分の意見」「自分の考え」といっても、自分のそのとき、その場の状況でそれが正しいと思っているのであって、立場や状況が変わると変わっていくことがあるのではないでしょうか。

「自分の考えは絶対に正しい」と思っていても、その時々の因縁でそのようになっているだけで、状況や立場でまた変わっていくものなのです。

このことをよくわかっていたスボダイは、相手と意見が対立したときは、それは、**意見の対立ではなく、お互いの立場や状況の違いだと見て**、相手の話をよく聞き、自分がどういう状況や立場でそのような考えに至ったかを丁寧に説明したのだと思います。

だから、「無諍第一」とお釈迦さまからたたえられたのでしょう。

意見が対立したとき、それを対立ではなく、立場の違いと見ていくことで、お互いを理解しようという心が生まれます。

イライラには「たおやかさ」を

自分の考えに執着することを、仏教で「我執《がしゅう》」といいます。我執が強いと、イライラしたり、腹を立てて他人とぶつかりやすいです。

私たちがイラッとしたりムカッとするポイント、いわゆる怒りのツボは人それぞれ違います。

待ち合わせに遅れてきたのが許せないという人もいれば、公共マナーが悪い人を見ると腹が立つという人もいるでしょう。メールに返信がすぐこないと気になってしまうという人もいます。

イラッと感じるポイントは、実は、自分がそこにこだわっているポイントであることが多いのです。イライラポイントは、こだわりポイントということですね。

どういうことか、心理療法の理論をあげて説明しましょう。

アメリカの臨床心理学者アルバート・エリスが提唱した「ＡＢＣ理論」というものがあります。

A（Activating events）…………出来事
B（Belief）…………………潜在的な信念、考え方
C（Consequences）……………結果として現われる感情や行動

これは、私たちの感情や行動は、ある出来事（Ａ）が起きて、それに対して、自分の潜在的な信念や考え方（Ｂ）に触れた結果として、感情や行動が現われる（Ｃ）ということです。

具体例をあげますと、食堂に座っていたとき、誰かが扉をバタンと勢いよく閉めたので、とても不快な思いをしたとします。

普通は、扉がバタンと閉まったので、不快な思いをしたととらえるのでしょう

が、ＡＢＣ理論によると、

「扉がバタンと閉まった（Ａ・出来事）」ということが、その人の、

「扉は優しく閉めるべきものだ（Ｂ・潜在的な信念、考え方）」

という潜在的な信念に触れて、

「不快な思いがする（Ｃ・結果として現われる感情や行動）」

という反応になったというのです。


確かに、「扉は優しく閉めるべきだ」という思いがなければ、バタンと閉まったときに驚くことはあっても、イラッとしたり不快な思いになったりすることはないでしょう。

このように、**私たちの感情や行動の背景には、こうあるべきだとか、こうでなければならないという思いや、こだわり**（これをＡＢＣ理論ではビリーフ＝信念という）**があるのです。**

イラッとしたり、ムカッとくるところは、それだけ、こうあるべきとこだわっ

ていたり、強く思い入れを持っているところであると言えます。

（例）

・待ち合わせに遅れて待たされると腹が立つ↓一秒でも約束した時間に遅れてはならない

・公共マナーが悪い人は許せない↓公共マナーは人間として守って当然だ

・メールの返信がないと腹が立つ↓メールはかならず返信するべきものだ

このようにイライラの感情の背景には、「こうあるべきだ」という強い価値観があって、それが傷つけられたときに起きるのです。

ほかの人がそう感じなくても、自分は特にイラッと感じるというポイントは、それだけ強い思い入れやこだわりを持っているところだと言えるでしょう。

中国の思想家・老子《ろうし》は次のような言葉を残しています。

生きとし生けるものは皆たおやかである。
硬直したものは砕けやすく、力強いものは転げ落ちる。

たおやかというのはしなやかなということです。固いものは何かに当たると砕けますが、柔らかいものはへこんでも、元に戻ります。
力が入っていると、バランスを崩したら転がってケガをしてしまいますが、リラックスしていると、つまずいても上手に受け身を取ることができますね。**強さや固さより、しなやかさや柔軟さが生きていくうえで大切だということです。**

最近、イライラすることが多いなと思ったら、自分の考えや思いが固くなっていないか振り返ってみましょう。自分特有のこだわりや思いをいろいろな立場や角度から見てみることで、こわばっていた自分の思いを緩《ゆる》めると、肩の力が抜け、イライラがおさまっていくものです。

心の歪みをチェックする三つのポイントとは？

欲や怒り、恨みにとらわれると、物事を正しく見られなくなり、考えも歪《ゆが》んで間違ったものになります。だから、お釈迦さまは、欲や怒りや恨みから離れて考えなさいと教えられました。これを**離欲**《りよく》、**無瞋**《むしん》、**無害**《むがい》といいます。

離欲とは、**俺が、私がという我欲から離れて**ということです。

人間は自己中心的な生き物ですから、知らず気づかずのうちに自分本位な考えにとらわれてしまいます。相手の都合や立場を考えず、自分の都合ばかりを考えていないかを振り返ることが離欲です。

無瞋というのは、**怒りから離れて**ということです。

瞋とは怒りのことです。目が眞（まじ）と書きますね。ムカッと腹が立つと、目がキッとマジになります。カッと腹が立つと、あとは野となれ山となれと、先のことが考えられなくなってしまいます。

怒りは無謀に始まり、後悔に終わるという言葉があります。

計画的に腹を立てる人はありません。「後悔なんかするものか！」と腹を立て、わめき散らし、ふと我に返ったとき、なぜあんなことを言ったのだろう、やったのだろうとあとになって悔やむのです。

せっかく時間をかけて築いた信頼関係も、一瞬の怒りで台なしにしてしまうことがあります。

ですから、怒りから離れるように心がけなさいと教えられています。

最後の無害とは、**相手を害する心を捨てて**ということです。

相手を害する心とは、相手を恨み呪い、いつか仕返ししてやるという心です。

人生はあっという間に過ぎ去ってしまいます。

あっという間の一生を、恨みや呪いのために費やすことほど、もったいないことはありません。

好きな人とのひとときを想像するのは、楽しく、有意義かもしれませんが、嫌いな人のことをあれこれ考えるのは、本当に時間のムダです。

どんなにあなたが相手のことを憎んでも、当の本人はいびきをかいてグーグー寝ているかもしれません。そう考えると嫌いな人に心を煩《わずら》わせて、大事な時間やエネルギーを使ってしまうことほど、ムダでもったいないことはありません。

その時間やエネルギーを、もっと自分にとっての大事なことに向けていきたいものです。

自分の考えが、我欲や怒り、恨みの心にとらわれていないか、離欲、無瞋、無害のお釈迦さまの教えでチェックしてみましょう。

「別れの悲しみ」にどう向き合う？

愛する人との別れはつらく悲しいものです。

お釈迦さまは、避けることのできない人生の苦しみに、愛別離苦《あいべつりく》をあげられています。別れの苦しみのことですが、愛していればいるほど、その別れはつらく悲しいものになります。

お釈迦さまの話を熱心に聞いていたパセーナディーという王さまがいました。王さまには１００歳になる母親がいました。王は、母親をたいへん大切にしていたのですが、王の留守中、急死してしまったのです。

大臣は王がこのことを知ったら、悲しみのあまり体調を崩してしまうかもしれないと思い、いろいろ考えた末、５００頭の白象と５００頭の馬、５００人の兵士と５００人の遊女、５００人の老婆と５００人のバラモン僧を集めて美しく着飾らせ、豪華な葬式行列を準備させせました。

そして、家臣たちに王さまに聞かれても、これは城下に住む長者の母親の葬式だと言うように、王には母君の訃報《ふほう》を伝えないようにと指示しました。

ちょうど、そこに王が帰ってきて、

「一体、これはどういうことか」

と尋ねると、

「この城下に住む長者の母親が死んだので、葬式行列を出しているのでございます」

と答えました。

「それにしても、このたくさんの象や馬は、何のために使うのか？

この老婆たちや、遊女たちは何の用があって集めたのだ？」

「この老婆たちは、閻魔《えんま》大王に亡くなった母の身代わりに捧げて、母の命を返してもらうためでございます」

「何を言っておる。ムダなことだ、死んだ者の命はたとえどんなことをしても戻りはしない。お釈迦さまからいつも聞かせていただいているだろう」

「では、この美しい遊女たちと交換してもらいます」

「それもムダなことだ」

「ならば、このたくさんの財宝で買い戻します」

「ならば、このバラモン僧たちに祈らせます」

「無理なことよ」

「どんなに祈ってもかなわぬことだ」

「そのときは、この兵士たちに閻魔大王を攻めさせて、力ずくでも取り返します」

「なんという愚《おろ》かなことを言うのだ。たとえ、閻魔大王を攻めたてたとしても、すでに死んだ者が生き返るはずがないではないか」

王のこの言葉を聞くと、大臣は目にいっぱいの涙をためて、その前にひれ伏しました。

「王さま、実は悲しい知らせがございます。

王の母上が今朝、突然お亡くなりになりました」

王はこれを聞くと、大きくため息をつき、そして深呼吸をし、ハラハラと涙を流しながら、

「そうだったのか。お前は私の悲しみを和《やわ》らげようとしてくれたのか。ありがとう、礼を言うぞ」

そう言って、母の亡骸《なきがら》に手を合わせた王は、説法を聞きにお釈迦さまのもとに向かったというお話があります。

このお話は、**人はやがて死ぬ、どんな愛する人ともかならず別れがやってくるということをどれだけ知っていても、愛する人との別れは受け入れがたく、つらく、悲しいものだということを教えています。**

この悲しみに、私たちはどのように向き合えばいいのでしょうか？
この悲しみに打ちひしがれている人に、どう寄り添えばいいのでしょうか？
お釈迦さまはどのように教えておられるのかを、お話ししていきたいと思います。

「じっとそばにいるだけ」でいい

お釈迦さまが、別れの悲しみに寄り添われたお話として最も有名なものは、我が子をなくした**キサーゴータミーの救い**です。くわしくは『心が「スーッ」と晴れるほとけさまが伝えたかったこと』（三笠書房・王様文庫）にありますので、あらましだけを紹介します。

夫を失い、幼い我が子を命としていたキサーゴータミーが家に帰ると、子供がぐったり倒れ、息をしていません。ゴータミーはその子を抱え、助けを求めますが、誰の目からもその子が死んでしまったことがわかります。

ゴータミーの身を案じた町医者ギバは、隣村に布教にきておられるお釈迦さまのもとに行くように勧めます。

藁《わら》にもすがる気持ちでやってきたゴータミーにお釈迦さまは、

「今まで誰も死人を出したことのない家から、ケシの実をもらってきなさい。そうすれば、お前の子供は助かるだろう」

と告げました。


ゴータミーは、家という家を回って、ケシの実を求めますが、

「昨年、父が亡くなった」

「今年、母を亡くした」

と、死人を出したことのない家はどこにもありませんでした。

「昨日、幼い我が子が亡くなりました」

と、目を赤くはらしながら出てくる自分と同じ年ぐらいの母親もありました。

一軒残らず村を回ったゴータミーは、

「ああ、死人を出したことのない家など一軒もなかった。人は皆死んでいくのだ。

そして、我が子も死んでしまったのだ」

と、ついに我が子が死んでしまったことに気がついたのです。

そのとき、ずっと抑えていた悲しみがあふれ出し、ゴータミーの両眼からは滝のように涙があふれ出しました。悲しみにむせび泣くゴータミーにお釈迦さまは、

「人は皆、死んでいく。これは誰も避けられないことなのだ」

と、諸行無常《しょぎょうむじょう》の理を説かれたというお話です。

このお話は、さまざまなことを教えてくれています。

その一つに、ゴータミーが悲しみに打ちひしがれたのは、自分の子供の死を自覚してからということです。悲しみという感情は、別離という事実を認識したあとに出てくる感情です。

ゴータミーは、最初、我が子が死んだという事実を受け入れることができませんでした。

心のどこかでは気がついていたのかもしれませんが、とてもそれを認めること

ができなかったのでしょう。ですからゴータミーに、町の人々がその子は死んだのだとどれだけ言っても、聞く耳を持たなかったのです。

お釈迦さまのケシの実の導きで、死者を出したことのない家はない、人はかならず死んでいかねばならない。我が子も例外ではなかったと気がついたとき、初めて悲しみが涙となって堰《せき》を切ってあふれ出たのです。

ある葬儀会社の社員研修で、今の話をさせていただいたとき、社員の方が、「不幸なことに、幼い子供の葬儀を出すことがあります。そのお母さんが涙も流さず平然としているように見えて、なぜだろうと思ったことがありますが、今日のお話でわかった気がいたします。そのお母さんは、我が子が亡くなったことをまだ認めることができなかったのですね」

とおっしゃいました。

最愛の人との突然の別れは、とても認めがたいものだと改めて思いました。

別れを認めたときに、悲しみがこみ上げます。

ということは、悲しみは決して悪い感情ではなく、つらい出来事からの再生への出発点と、とらえることができるのではないでしょうか。

「悲しまないで」と励ます必要もなく、悲しみに耐える必要もありません。

涙し、悲しむままが、心の再生に向かっていると言えるでしょう。


もう一つは、お釈迦さまはゴータミーに、その子がもう死んでいることを一切告げられず、ゴータミー自身がそのことに気がつくまで、ずっと待っておられたことです。

このお話は、一日でゴータミーが我が子の死に気がついたように説かれていますが、実際は幾日もかかったのではないでしょうか。その間、お釈迦さまはじっとゴータミーを見守られたのではないかと思います。

大きな悲しみは、頭ではわかったとしても、心ではとても受け入れることができないものです。

それを受け入れ、認めるまでには、一人ひとりに必要な道程があります。

何も言わず、じっとそばにいてあげることもまた、必要です。

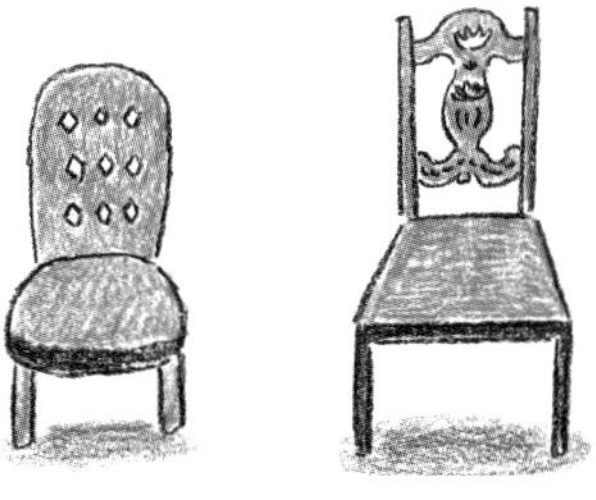

「グリーフケア」──嘆いている人を癒せますか

「グリーフケア」ということが、近年、注目を浴びています。グリーフとは嘆き、ケアとは癒すということで、肉親や友人、また愛犬、愛猫などとの死別の悲しみに、どのようにして寄り添い、癒すことができるかというものです。

愛する人との別れの悲しみから、立ち直るには時間が必要です。

どんな言葉をかけても、それだけで、その悲しみを癒すことはできないでしょう。寄り添おうとしても、その悲しみが深すぎて、何もしてあげられない無力感を感じることもあるでしょう。

そんなとき、どのような心の道程を経て、悲しみから再生していくかを知っていると、少しでも相手の心に寄り添うことができるものです。

悲しみから立ち直っていく過程は、次のようなことがあげられます。


（認知）別れやその人を失ったという事実を認める。

←（別離の悲しみ）別れの悲しみを感じる。

←（罪悪感・後悔）何もしてあげられなかったと無力感を感じたり、自分を責めてしまう。

←（喪失感）ぽっかり心に穴が開いたようになり、むなしさや寂しさに襲われる。

←（悲しみからの再生・共生）別れを受け入れ、悲しみとともに生きていく。

先のキサーゴータミーのお話（70ページ）でも述べたように、**大切な人との別れは、それ自体がとても認めがたいことです。別れという事実を認めると、初めてそこで悲しみという感情が出てきます。**

ですから、悲しい感情が出てくるということは、一歩前に踏み出したと言えます。

悲しいという感情が落ち着くと、もっとしてあげられることはなかったか、と何もしてやれなかったことに罪悪感を感じたり、後悔して自分を責めたり、一人取り残された寂しさに何もかもがむなしく感じてしまいます。

でもその先に、悲しみを生きる糧《かて》にして再生する、また、悲しみとともに生きていくという段階があるのです。

この悲しみからの再生のプロセスを知ったとき、若いころの失恋の経験を思い出しました。

当時、とても好きな子がいて、仲良くなることができたのですが、次第にすれ違うことが多くなり、メールを送っても「今、忙しい」とそれっきりになることが多くなっていました。

心のどこかで、気持ちが離れてしまったのかなという思いもありましたが、それを認めることができませんでした。

あるとき、彼女から「ごめん、ほかに好きな人ができた……」とハッキリその気持ちを伝えられたとき、初めて自分はフラれたのだと自覚しました。うすうす感じていたというか、認めようとしていなかった不安が現実のものとなり、悲しみがこみ上げました。

それからしばらく、何がよくなかったのか、どうすればよかったのかと、後悔の念で自己嫌悪になりました。そして、心にぽっかり穴が開いたようで、何もかもがむなしく感じました。

幸い友人が話を聞いてくれたり、自分の失恋の体験談を話して励ましてくれたおかげで、別れはとても寂しいことだけど、彼女と出会えたこと、しばらくでもつき合うことができたことが、自分の善き思い出となりました。

誰にでもある失恋の経験ですが、別離の悲しみから立ち直っていく過程は同じなのかもしれません。

すべての人が同じプロセスをたどるわけではありませんが、このような悲しみからの再生・共生のプロセスを知っているだけで、今、自分はこの状態なのだなと、自分を俯瞰《ふかん》して見ることができます。

悲しみに沈んでいる相手に寄り添う場合は、この人は今、こういう状態にあるのだなと、その人の状態を理解する助けになるでしょう。

会者定離《えしゃじょうり》（出会った人とは離れていくのが世の定め）といわれるように、別れはどんな人にもかならずやってきます。

別れの悲しみと無関係な人は誰もいません。悲しみからの再生と共生へのプロセスをぜひ知っておいてください。

悲しみが優しさをつくる「鬼子母神」の話

憂いや悲しみはなるべく避けたいことですが、悲しみを知ったとき、初めて相手の悲しみがわかるようになります。

お釈迦さまの説話に、次のような話があります。

昔、ハーリティーという恐ろしい鬼女がいました。ハーリティーには1万の子供がいて、一番幼い子をピンガラといいました。ハーリティーは凶暴な鬼で、人間の子をさらっては殺して食べていました。人々は恐れ、苦しみ、お釈迦さまにすがりました。

「お釈迦さま、ハーリティーに我が子を殺された親の悲しみは、あまりに深いものです。また、ハーリティーのために子供たちを安心して外で遊ばすこともできません。なんとか、よい知恵をお授けください」

お釈迦さまは、ある日、ハーリティーのいない隙《すき》を見て、ピンガラを連れ去り、ガラスのビンの中に閉じこめたのでした。

ハーリティーは戻ってくると、かならず子供たちを数えることが日課でした。ところが、何回数えても一人足りません。一番かわいがっていたピンガラがいないことに気がついたのです。

ハーリティーは狂ったように家を飛び出し、嵐のような速さで、ほうぼうを駆《か》けめぐり、

「ピンガラ、ピンガラよ」

と、名前を叫んで探して回りました。

七日間、食事もせず、一睡もせず探しましたが、ピンガラは見つかりませんでした。

そんな中、

「お釈迦さまは、この世のあらゆることについてなんでもご存じだ」

という人間たちの話を耳にして、藁にもすがる気持ちで、お釈迦さまの元に行き、ピンガラの居所を尋ねたのです。

釈尊は厳《おごそ》かに、そして慈愛の眼差しでハーリティーを見つめながら、

「ハーリティーよ、お前はどうして、そんなに心を乱しているのだ？　お前には残り、９９９人の子供がいるではないか？　世の中には一人しか子のいない親だっているのだぞ」

「お釈迦さま、たとえ1万の子供があろうとも、一人の子供がいとしいのでございます」

「お前は、その一人の子供をさらって取り上げ、こともあろうに食い殺している

ではないか。お前も親なら、殺された子供の親の悲しみがわかるだろう」

ハーリティーは雷に打たれたように愕然《がくぜん》としました。

自分は今まで、どれだけの親に自分と同じような、いや、それ以上の苦しみや悲しみを味わわせてきたのだろうかと思うと、自分の罪深さを知らされ、背筋の凍る思いがしました。

お釈迦さまは、ガラスビンの中にいるピンガラを見せると、ハーリティーは無我夢中でビンに飛びつきましたが、ガラスビンはびくともしません。

「お釈迦さま、お願いでございます。この子を返してください。私がやってきた罪の報いは私が受けます。ですから、お願いでございます。この子を返してやってください」

泣きながら、何度も頼みました。

「お釈迦さま、約束します。ピンガラが戻りましたら、もう決して子供をさらって食べるようなことはいたしません。生涯、心を入れ替え罪を償《つぐな》います。子供たちを守ります」

釈尊は、ピンガラをビンの中から出して、ハーリティーに返しました。ハーリティーは、その後、釈尊の弟子になり、永遠に子供を守る役目についたといわれます。

日本では、**鬼子母神**《きしもじん》として知られているお話です。

優しいという字は、憂いという字の横に人と書きます。優しいという字は、相手の憂いや悲しみに寄り添うことを表わしています。

悲しいことはつらいことですが、悲しみを知った分だけ、相手に寄り添う気持ちが生まれます。悲しみは、優しさに変えることができるのです。

愛と憎しみは一つの如し

慈悲と愛の違いについて、仏教ではどのように説かれるのかを尋ねられることがあります。

慈愛という言葉もあるように、同じ意味で使われることもあるのですが、多くの場合、慈悲と愛は違ったものとして教えられます。

仏教で愛というと、**愛欲**、**愛着**、**渇愛**、**我愛**《があい》という言葉があるように、欲とか**執着心**という意味で使われることが多いです。

愛欲とは、愛してほしいと相手に求める欲のこと、愛着とは、手放したくないという執着心です。

渇愛とは、満たせば満たすほどもっともっとと渇く欲の性質を表わした言葉です。

我愛とは、私が、俺がと自分のことばかりに取りつかれている心のことです。

確かに、私たちの愛というのは、相手に向けているようで自分に向いているのかもしれません。

「あなたを愛しています」という言葉の裏には、（だから、あなたも私のことを愛してほしい）という欲求がこめられています。

「こんなに愛しているのに……」という言葉は、（どうして、自分の気持ちに応えてくれないの）という気持ちの表われではないでしょうか。

愛憎一如《あいぞういちにょ》というように、愛と憎しみは反対の意味ではなく、相手や物事に執着する心の表われ方の違いなのです。

可愛さあまって憎さ100倍というように、愛が裏返って憎しみになることもあります。

愛と憎しみは一つの如しといわれるように、密接不離な関係です。関心がない相手に愛が起きることも、憎しみを抱くこともありません。

愛憎の反対は、無関心です。


では、慈悲とはどんな心なのでしょうか。

慈悲とは、悲しみを慈しむと書きます。悲しみをそのまま認め、受け入れて寄り添うことが慈悲の心です。

この慈悲とは、「**抜苦与楽**《ばっくよらく》」と解説されます。抜苦与楽とは、**苦しみを抜いて、楽を与えるということで、相手の苦しみを抜いて、楽な心にしてあげたいというのが慈悲の心です。**

相手の苦しみに気づかないと、その苦しみを抜いてあげたいという心は生まれませんね。ですから、慈悲の出発は、相手の苦しみや悲しみに気づくことです。悲しみを知ることから、慈悲の心が生まれるのです。

過去へのとらわれを断ち切る方法

親鸞聖人《しんらんしょうにん》の言葉に、

恩愛はなはだたちがたく　生死はなはだつきがたし

があります。

恩愛（愛着、執着）を断ち切るのはとても難しい、だから、生死（苦しみ）から離れられないのが人間だということです。

確かに、私たちはこれまでのことにとらわれるあまり今を見失い、これからのことに目を向けることができなくなるものです。

過去、失ったものが大きければ大きいほど、どんなに嘆いても戻ってこないとわかっていても、気持ちはそこにとらわれて、一歩が踏み出せないこともあるでしょう。

「愛着、執着は断ちがたく、苦しみから離れることが難しい」

という、この言葉は本当にそうだなと思います。

なかなか、これまでのことへの思いから離れられないのが私たちですが、次のようなことを知っておくと、これまでへのとらわれから離れて、一歩が踏み出しやすくなります。

経済学に「サンクコスト」という言葉があります。これは埋没費用ともいわれ、支払ったコスト（費用）の中で、もう戻ってこない費用のことです。

たとえば、払い戻しや転売ができない、映画のチケットを1500円で買いました。支払った1500円は、どんなに頑張っても戻ってきません。ですから、この1500円はサンクコストです。

一人あたり3000円の食べ放題に行きました。この3000円も普通は戻ってこないのでサンクコストですね（お店に文句を言ってタダにしてもらうというのはナシです）。

宝くじを1万円分買いましたが、全部外れました。これも、もう戻ってこないのでサンクコストです。このように、取り返すことができないコストを「サンクコスト」といいます。

ところが私たちは、このサンクコストをうまく認識するのができず、取り返せないコストを、あたかも取り返すことができるような錯覚《さっかく》を起こしてしまいます。

これを「サンクコストのジレンマ」といいます。

たとえば、1500円払って映画館に入りました。2時間の映画の最初の30分を見たのですが、つまらなかったので、続けて見るべきかどうかを迷いました。

この場合、かなりの人が、

「1500円も払ったんだから、見ないともったいない。1500円分取り返そう」と、続けて映画を見ることを選択するでしょう。しかし、途中で映画館を出ようが、最後まで見ようが、支払った1500円が返ってくるわけではありません。

合理的に考えるならば、残りの1時間30分映画を見ることが自分にとって有意義か、それとも映画館を出て、別のことに時間を使ったほうが有意義かという視点で判断するべきです。

食べ放題も同じですね。3000円払って入ったのに、あまりおいしくありませんでした。そのとき、「3000円も払ったのだから、その分たくさん食べて、元を取らないと」と思いがちですが、どんなに食べても3000円が返ってくるわけではありません。

自分が一番満足を感じるには、何をどれだけ食べればいいかで考えるべきで、払ったお金を取り戻そうということで考えるのは、合理的ではありませんね。

宝くじもそうです。過去、つぎこんだお金を取り戻そうとして、さらにお金をつぎこんでしまうことがあります。

でも、これまでの外れくじが、これからの当たりくじを引き当てるわけではありませんし、仮にこれから買ったくじが当たったとしても、これまで、つぎこんだお金が返ってきたわけではありません。

あくまで、これまでいくらつぎこんだかは置いておいて、これから当たる見こみがあるかどうかで判断しないとなりませんね。

私たちは取り戻すことができない過去のコストへとらわれて、「これからどうすべきか」ということを冷静に考えることができないものなのです。

禅語に、**前後際断**《ぜんごさいだん》という言葉があります。

これは、

前――過去のこと、これまでのこと
後――未来のこと、これからのこと

際断――ハッキリ分ける

ということ。**つまり、「これまでのこと」と「これからのこと」をハッキリ分けて、これからのことに心を向いていきましょうということです。**

「恩愛はなはだたちがたく」

といわれるように、私たちはこれまでのさまざまなことに、とらわれて苦しんでいます。しかし、どんなにしがみついても戻ってこないものは戻ってきません。戻らぬものは戻らないのだなとあきらかに見て、これまでのこととこれからのことをはっきり分けていく勇気も時には必要です。

そうすることで、苦しみ（生死）を断ち切ることができます。

お釈迦さまは、私たちにその知恵と勇気を教えていかれました。

過去のとらわれから離れて、これからのことに向いていくお釈迦さまの教えを、紹介していきたいと思います。

3章

心配や不安から抜け出すお話

「自業苦」と書いて地獄

白隠《はくいん》という禅僧のもとに、武士がやってきて、

「白隠さま、私はかねてから地獄、極楽というものが本当にあるのかわかりません。教えていただけないでしょうか？」

と尋ねました。

すると白隠は、

「なんだ、偉そうに腰に刀を差しておりながら、そんなことも知らんのか」

と頭ごなしに吐き捨てました。武士は、顔を引きつらせながらも、なんとか怒りを押し殺し、

「面目ない、そこをぜひ、教えてくださらぬか」

とたのむと、

「武士といっても大したことはないの、ブシはブシでも、鰹節《かつおぶし》か」

とあざけります。

堪忍袋《かんにんぶくろ》の緒《お》が切れた武士は、

「おのれ、僧侶といっても容赦《ようしゃ》はできん」

と刀を抜いて切りかかりました。

すると白隠、大喝一声《だいかついっせい》、

「その心が地獄じゃ!!」

と言ったのです。

武士は、怒りのあまり、殺してやると鬼になっている自分の心に気づきました。

「いいか、地獄という場所があるのではない。地獄というのは、己《おのれ》の心が生み出す苦しみの世界なのだ」

と仏教で教えられる地獄とはどんなものかを、丁寧に説いて聞かせたのです。

地獄というのは、ナラカというインドの言葉を中国語に翻訳したものです。奈《な》落《らく》とも訳され、「地獄に堕《お》ちる」とも「奈落に堕ちる」ともいいますね。

このナラカというのは、苦しみの世界・状態という意味です。ですから、その訳語である地獄も、苦しみの世界・状態ということです。

仏教では、苦しみの世界は死後にだけあるのではなく、この世にもあると説かれます。借金地獄、受験地獄というときは、現世の苦しい状態を表わしていますね。

では、この苦しみの世界は誰がつくったのでしょうか。

火の車　つくる大工は　なけれども　己がつくりて　己が乗りゆく

火の車（苦しい状態・地獄）をつくった大工さんはいない、自分がつくった火の車に自分で乗って苦しんでいるのだといわれるように、地獄（苦しい状態）というのは、誰かがつくったものでなく、自分自身の行ない（業《ごう》）がつくり出したものなのだと教えられます。

この地獄を、**自業苦《じごく》……自分の業（行ない）が生み出す苦しみと教えられることもあります**。

白隠は、自分のプライドを傷つけられた怒りのあまり、鬼になって切り殺そうとしているその心こそ、地獄を生み出すタネなのだと教え諭《さと》しました。

武士は、自分の恐ろしい鬼の心に気がつき、その場で膝《ひざ》をつき、

「すまないことでありました。自分は怒りのあまり、我を忘れておりました」

と、深く懺悔《ざんげ》し、涙を流したのです。

すると白隠は、

「そうそう、その心が極楽じゃ」

と言ったといわれます。

ここでいう極楽とは、死後の極楽浄土のことではなく、平穏で安らかな状態のことを意味しているのですが、**苦しい状態（地獄）になるか、安らかな状態になるかは、その人の心のあり方次第ということを教えた話**です。

私たちの日々の行ない（業）が苦しみをつくり出しているのも事実ですが、心のあり方次第で、その業苦をラクに転じることもできるのです。

業苦楽と書いて、**ごくらく**と読めますね。

お釈迦さまは、私たちのさまざまな業苦を、ラクと転じていく智慧《ちえ》を教えていかれました。

そのブッダの教えをこれからお話ししていきましょう。

噂やデマに迷った弟子へ、お釈迦さまのアドバイス

毎日、たくさんの情報が飛びかっています。

近年、ＳＮＳの普及により、情報が拡散される速度が速くなりましたが、フェイクニュースといわれるデマ情報も出回るようになり、社会を混乱させています。アメリカのマサチューセッツ工科大学の研究によれば、事実よりもウソのほうが、拡散力は１００倍、拡散速度は20倍という結果が出たそうです。

ＳＮＳで急速に拡散される理由は、不安と新規性だといわれます。多くの人が感じている不安と、これまでなかった目新しい情報とが結びつくと、不安が確信に変わり、いっせいに拡散されていきます。

多くの人が、シェアやリツイートしているから、それが正しいとはまったく言えません。時には、デマだからこそ、たくさんの人が拡散しているということもあります。

毎日、飛びかう情報にどのように向き合っていけばいいのでしょうか?

お釈迦さまは、噂話に迷った弟子に次のように教えられました。

お釈迦さまの教えを熱心に聞いていたバッディヤという弟子は、あるとき、まわりからお釈迦さまに対してのよくない噂を聞いてしまいます。不安になったバッディヤは、お釈迦さまのもとを訪ねました。

「世尊、私は嫌な噂を聞いてしまいました。

『釈迦は、幻術を使って、多くの人を惑《まど》わしている。そのうえ人を誘い込む術にたけており、その術で人々を信者にしているのだ』というのです。私は何が本当なのかわからなくなってしまいました」

すると、お釈迦さまは、

「バッディヤよ、**噂話をうのみにしてはいけません。また、憶測で物事を判断してはいけません。たとえ、自分の師の言葉であったとしても、それだけで、すべてを信じこんではいけません**」

「えっ、世尊のお言葉もでしょうか？」

バッディヤは、意外でした。悪い噂を、お釈迦さまご自身に否定してもらえば安心できると思ってきたのに、お釈迦さまは、ご自身の言葉であってもうのみにしてはならないと言われるのです。

困惑するバッディヤに、

「そうです。あなた自身が判断しなければなりません。自分が聞き求めている教えが、自分にとって有益なものだと思えば、それを取ればよい。自分を迷わせ苦しめるだけだと思えば、それを捨てるべきでしょう。

バッディヤよ、他人の噂をうのみにしたり、他人に自分の判断をゆだねるので

なく、あなた自身が自分で判断し、捨てるべきか取るべきかを決めなければならないのです」


バッディヤは、静かにこれまでのことを振り返りました。

(確かに、お釈迦さまが、私の弟子になれとおっしゃったことも、勧められたこともない。私は、お釈迦さまの説かれる教えが素晴らしいと思って、自らの意志で弟子になったのだ。ならば、まわりの者がどう言おうが、そもそも関係のないことではないか)

バッディヤの表情には、迷いはありませんでした。

晴れやかな表情で、釈尊に深く礼をして、その場を立ち去ったといわれます。

私たちは、

「みんながそう言っているから」

「テレビやインターネットの有名人が勧めているから」

「○○博士や、○○大学の教授など、専門家が間違いないと言っているから」ということを根拠に、自分で考え、吟味《ぎんみ》することなしに、物事を判断してしまいがちです。

デマ情報ほど拡散されやすいということから考えても、多くの人が言っているから、それが正しいという根拠にはなりません。

著名人や専門家だから言っていることが正しいとも言えないのです。まったく逆の意見を言っている著名人や専門家もあります。

自分で考えるのが面倒くさいので、誰かに判断をゆだねると、結局、人の意見に振り回されてしまいます。

もちろん、すべてを調べ上げることは難しいことですが、自分にとっての大事な判断は、うのみにせずに、自分でよく考えるということを忘れないようにしたいものです。

「自分の影」におびえていませんか?

物事を正しく知らないと、さまざまな疑いが起きます。わかれば、なんだそういうことだったのかと笑って流せることでも、「この人はウソをついて、自分をだまそうとしているのではないか? 何か隠し事をしているのではないか?」と疑心暗鬼になり、そこから敵対心が起こり、争いになることがあります。

無知のことを、仏教で無明《むみょう》といい、無明(無知)こそがあらゆる苦しみの根本原因と説かれています。

私たちの生活の中でも、わからないことから疑心暗鬼を起こし、不安や恐怖や猜疑心《さいぎしん》で争いになってしまうことはないでしょうか。

お経の中に、次のようなお話があります。

昔、ある長者の息子が結婚し、妻を迎えました。

ある日のこと、息子が新妻に、

「ブドウ酒をついできてくれないか?」

と言いました。

妻は、ブドウ酒の入ったカメのふたを開けたところ、

「あっ」

と思わず、声を上げました。カメの中に若くて美しい女が隠れていたのです。

「ひどい、浮気相手を隠していたなんて」

妻は、怒りのあまり、夫にわめき散らしました。

夫は驚き、あわててカメの中をのぞきこむと、

「あっ」

と思わず声を上げました。カメの中に若い男が隠れていたのです。

「お前こそ、男を隠していたではないか」

と大げんかが始まりました。


そこに一人の修行僧がやってきて、カメのふたを取ってのぞくと、そこには修行僧自身の顔が映っていました。

「なるほど……」

としばらく思案したその僧は、くるりと振り返り、

「世の中には、本当のことを知らないために間違った考えをする人がいる。ないものをあるように思う人もある」

と言いました。

妻は、

「私は、ないものをあるように思うほど浅はかではありません。あのカメの中に

は若い女性が隠れています。夫が浮気相手を隠していたんです」

夫は、

「馬鹿言うな、あのカメの中に隠れているのは男だ。お前の浮気相手だろう」

「女だ」「男だ」とまた激しいののしりあいが始まったので、修行僧は、

「まあまあ、落ち着きなさい。私が、その浮気相手とやらを追い出してあげましょう」

と言うなり、手に持っていた木の杖《つえ》を、カメに勢いよく打ち当てました。

カメは真っ二つに割れ、赤いブドウ酒は床一面に広がっていきます。

ところが、誰も姿を現わすものはいませんでした。

「あれは、ブドウ酒に映った自分の影だったのだ」

と気がついた二人は、これまで、わめき散らしていたことがとても恥ずかしく、穴があったら入りたい気持ちになりました。

修行僧は、

「どうだね、君たちは、ないものをあると思って腹を立て、ケンカをしていたのだ。物事を正しく見られず、誤解をして怒ったり、己の影におびえて不安になり、猜疑心のあまり、相手を傷つけようとしていたのだよ」

妻は、

「そもそも私が、自分の姿をほかの女性と勘違いしてしまったことが原因でした。夫に浮気されたらどうしようという不安に惑《まど》わされてしまったのだと思います」

夫も、

「私も、妻に浮気相手がいたらどうしようと疑う気持ちが、自分の姿を若い男と見間違わせてしまったのだと思います」

二人はお互いを疑っていたことを認め、仲直りしました。

このお話は、正しく物事を見れない無知から不安や疑い、争いや憎しみが生じることを教えたお話です。

物事の道理を正しく知り、自分自身の姿を正しく見ることができれば、あらゆる苦しみ悩みは消滅するのだと、お釈迦さまは説いていかれました。

相手を疑って争いになる前に、目の前のことをしっかりと見て確かめていくことで、ほとんどの争いは回避できるのではないでしょうか？

洪水のようにあふれる情報に振り回されて、何が正しいかがわからず、自分自身を見失いやすい現代にこそ、大切な教訓だと思います。

他人の目を気にする前に

「他人からどう思われているか？」――このことで悩む人は本当に多いです。

心理学者アドラーは、現代人の悩みのほとんどは対人関係であると言っています。

確かに、風邪で熱が出たときに、

「病気そのものの苦しみよりも、風邪を引いて会社を休んだら、まわりからどのように思われるだろうか」

「『休みます』という電話を上司に入れないといけない」

ということが気になってしまいます。

そう考えると、アドラーが言うように、病気そのものよりもまわりからどう思われるかという対人関係に悩んでいると言えるでしょう。

でも、そもそも「他人からどう思われるか」に悩む前に、相手はあなたのことをそんなに考えているのでしょうか？

みんな自分のことで精いっぱいです。私たちが心配するほどに、人のことをあれこれ考えているヒマな人はいません。この事実に気がつくと、気持ちがスッとラクになります。

ある人から、こんな相談を受けました。

「最近、仕事で失敗して、同僚から『おまえなんていないほうがいい』と思われているんじゃないかって、気になってばかりなんです」

「あなたの職場で、同じような失敗をしたことがある人はいますか？」

「そうですね。いると思います」

「あなたはその人に対して辞めてほしいとか、いなくなってほしいといつも思いますか」

「自分が迷惑を被《こうむ》ったときは、一瞬思いますけど、いつもは思いません。しばらくすると忘れてしまいます」

「そうですよね。迷惑を被ったときは、腹が立っていろいろなことを思いますが、しばらくすると忘れてしまいますね。

あなたが気にしている人も同じではないですか？　あなたのことを休みの日でも『いなくなれ』と思い続けているでしょうか」

「いえ、さすがにそこまでは思われていないと思います」

「じゃあ今、『自分はいないほうがいい』と思っているのは誰ですか」

「……自分ですね」

「みんな自分のことで精いっぱいです。まわりの人のことをあれこれ考えているヒマな人は、どこにもいないのです」

そう言うと、

「失敗した負い目で、〝自分の影〟におびえていたんですね。ありがとうございました」と、スッキリした表情で帰っていかれました。

人間、誰しも失敗はありますから、厳しく叱られたり、時にはきつい言葉で言われたりすることもあります。でも、それはそのとき、その場だけのことなのです。あなたが休みの日に、職場の人のことを忘れているように、ずっとあなたのことを考えている人はいません。

「他人からどう思われるか」の前に、そもそも相手はあなたが思うほど、あなたのことに関心を持っていないのです。

ずっとあなたのことを気にしているのは、実はあなた自身なのです。私たちは、実際にどうであれ、「他人は自分のことをどう思っているのだろうか」と常に自分を気にしています。

仏教では、こういう心を我愛といいます。

「自分に執着する心」のことです。

確かに、朝から晩、晩から朝まで、私たちは自分自身を意識し続けています。まわりは全然、なんにも思っていなくても、何か思われているのではないかと気にし続けています。そういうことからいうと、自分にとって一番厄介《やっかい》なストーカーは、自分自身と言えるでしょう。

「他人からどう思われるか」を悩む前に、そもそも、自分が思っているほどに、まわりの人はあなたのことに関心を持っていない、自分で自分のことを気にしているのだということに気づくことが大事です。

心のざわつきが止まる簡単な方法

私たちの悩みのほとんどは、正体がわかるとなくなるものです。

逆にいえば、正体がわからないから悩んでいるのです。

たとえば、お化け屋敷やホラー映画を考えてみてください。

お化け屋敷やホラー映画はなぜ怖いのかというと、何がいつ、どこに潜んでいるかがわからないからでしょう。

もし、どこに隠れていて、いつ出てくるかも丸わかりなお化け屋敷やホラー映画があったらどうでしょうか？　怖くもなんともありませんね（もちろん、面白くもありません）。

つまり、お化け屋敷の恐怖とは、隠れている化け物への恐怖ではなく、何が隠れているかわからないことへの恐怖であり、不安なのです。何がいつ、どこから出てくるかがわからなければわからないほど、不安や恐れは膨《ふく》らんでいきます。

これは私たちの悩みや心配事も同じです。

何に、どうして不安を感じているのか、その正体がはっきりすれば、それはもう悩みや心配事ではありません。単なる「目の前の課題」になるのです。あなたの悩みは正体がハッキリすることで、単なる課題に変わります。

仏教に「**蛇《だ》・縄《じょう》・麻《ま》のたとえ**」といわれる話があります。ある男が暗がりの中を歩いていると、蛇《へび》がいました。びっくりして驚いたのですが、よく見てみるとそれは縄でした。そして、その縄をさらによく見ると麻でできていました。それがわかると、先ほどの恐怖はどこへやら、男はほっと安心したという話です。

もし、確かめずに、蛇と誤解したままだったら、恐れるあまりその道を通ることができなかったかもしれません。

私たちの悩みや不安も同じです。正体をハッキリさせることで、このお話のように、悩みそのものがなくなってしまうことがあります。

ではどうしたら、悩みの正体をハッキリさせられるのでしょうか？

それにはまず、**自分が悩んでいることや不安を感じていることを「そのまま見ていく」ことです**。

「止観《しかん》」という仏教の言葉がありますが、**ざわついた心を止めて、その心のありさまを観《み》つめること**です。

ざわついたり、そわそわしたり、不安を抱えたまま行動すると裏目に出てしまうことがよくありますから、まず立ち止まり、ざわついた心を観つめて落ち着けていくことが大事です。

このことを誰でもできるように、**「のだな」の法則**として取り上げたところ、たくさんの方から反響がありました。皆さんにもすぐにできる、そして効果的な方法なので、改めてご紹介しましょう。

「のだな」の法則とは、今の状況に「~のだな」と一言つけて眺めるというものです。

たったそれだけ？　と思うかもしれませんが、これが実に効果があるのです。

たとえば、気持ちがざわざわしているときに、

「今、ざわざわしている……のだな」

という具合にです。

イライラを感じたときは、「イライラしているのだな」

あせりを感じたときは、「あせっているのだな」

と、「のだな」をつけるだけで、心は落ち着いていきます。

なぜかというと、イライラしているのだなと眺めることで、イライラという感情に距離を置くことができるからです。イライラしているときというのは、イライラの感情に飲みこまれている状態です。

「のだな」と一呼吸置くと、そこから離れることができます。


できたら、一人静かなところで大きく深呼吸をして、吸う息、吐く息に集中して「のだな」と一呼吸ついてみましょう。ざわつく心を眺めることで、ざわつきから離れることができるのです。

こんなことを思ってはいけないとか、落ち着かないといけないと自分の心を抑える必要はありません。

止観……ざわつく心を止めて、観る

とあるように、ただ単に、「のだな」と一歩立ち止まって、自分の心を眺めて観てください。今の呼吸に集中して「のだな」と深く息をつくことで、一瞬、静《せい》寂《じゃく》が訪れます。忙しくあわただしい毎日にふと、自分を振り返る一息をつくことができますね。

シロクマのことだけは絶対に考えないでください

沢庵《たくあん》禅師の歌に、

「心こそ　心迷わす　心なれ　心に心　心許すな」

というものがあります。

私たちの悩みや不安、心配事も、突き詰めれば心が感じていることです。そして、その心を迷わせているのも実は心です。

だから、心して心を見張りなさいということなのですが、これがたいへん難しい。

なぜなら、見張ろうとする心そのものが「動き通し」だからです。

動き通しの心で、動き通しの心をとらえようとする。こんなに難しいことはありません。

「ひょうたんナマズ」という禅問答があります。

これは、丸くつるつるしたひょうたんで、ぬるぬるねばねばしたナマズをとらえることはできるか？　できないか？　というものなのですが、答えは「できない」ですね。

同じように、フワフワとらえどころのない心で、これまたフラフラとらえどころのない心をつかまえることはできるか？　というと、「否《いな》・できない」です。

心で心をとらえるのは、自分の座っている座布団を自分で持ち上げるようなもの。そもそも、原理的にできないと言えるでしょう。これが心を扱う難しさです。扱おうとする心もまた、動き通しですから。

心の扱いにくさを示す「シロクマのことだけは考えないでください」という心

理学実験があります。

この実験は、A、B、Cの三つのグループに、シロクマの一日を追った映像を見せます。その後、

・Aグループの参加者には、シロクマのことを覚えておくように
・Bグループの参加者には、シロクマのことは考えてても考えなくてもいい
・Cグループの参加者には、シロクマのことだけは絶対に考えないでください

といいます。

しばらく時間がたった後、この実験参加者がシロクマのことをどれだけ覚えているかをテストするという実験です。

結果は、シロクマのことだけは絶対に考えないでくださいといわれたCグループの参加者が、一番シロクマのことをよく覚えていました。

Cグループは、シロクマのことを考えないようにすることで、かえってシロク

マのことを意識して、頭から離れなくなってしまったのです。

考えないようにすればするほど、そのことが頭から離れなくなってしまう。忘れようとすればするほど、忘れられなくなることがありますね。そのことを示した心理学の実験です。

眠れないときに、眠ろうと意識すればするほど眠れなくなる（ヒツジが一匹……と数えるのは逆効果という説もあるようです）。

禁煙中の人が、タバコをやめようと思えば思うほど、タバコのことを考えてしまう。

人前で上がらないようにと思えば思うほど緊張してしまう。

似たようなことは誰にでもあると思います。

最初にお話しした通り、ひょうたんでナマズをつかまえようとすると、泥沼にはまって抜け出せなくなるように、自分の心を自分の心で何とかしようとすればするほど、そこから抜け出せなくなってしまうこともあります。

では、どうしたらいいのでしょうか？

それは**一度、力を抜いて、心を手放してみること**です。

眠れないときは、何とか眠ろうとせずに、なかなか眠れないのだなとそのまま自分を眺める。

タバコのことが頭から離れないときは、何とか忘れようとするのでなく、タバコのことが気になっているのだなとそのまま自分を眺める。

人前で緊張しているときは、緊張しているのだなとそのまま自分を眺めるということです。

何とかしようとすると、かえって空回りして抜け出せなくなりますから、そういう自分をそのまま眺めて観てください。

寒い冬、凍結した路面を車で走っているときに、スリップしてしまうことがあります。

そのとき、不慣れな人はハンドルを切ったり、ブレーキを踏んでしまうのですが、そうすると完全にコントロールを失って車がスピンしてしまいます。

雪道の運転に慣れている人は、ブレーキを踏まずに、あえてハンドルを手放すそうです。そうすることで、車はスピンすることなく自然に止まるそうです。

私たちの心も同じではないでしょうか。

乱れたりあせったとき、何とかしようとすればするほど、心は空回りすることがありますが、思い切って、その心を手放してみましょう。回転しているコマも、やがて勢いを失って止まるように、心の乱れも自然と落ち着いてくるものです。

不安を一瞬で吹き飛ばす「突っ込み」の言葉

どうして私たちは、悩みから離れられないのでしょうか？

一つには、私たちの脳の物事のとらえ方に、悩みがちになるクセがあるからです。このクセをよく知って、ハマらないように気をつけることで、ムダに悩みや心配を抱えなくてすむようになります。


悩みがちになる脳のクセとは何でしょうか？

最近の心理学では、私たちの脳には、**削除**、**歪曲**《わいきょく》、**一般化**という**認知の歪み**が起きているといわれています。

認知の歪みとは、物事を正しくとらえることができず、歪んで受け止めてしまうことです。この認知の歪みは、時として根拠のない心配や不安を生み出します。

まず、**削除とは「誰が」「何を」「いつ」「どこで」といった一部の情報を削除してしまうこと**です。

たとえば、何か失敗して「ダメな私……」と落ちこんだとします。

このとき、本当なら「どこがダメなのか」「何がダメなのか」という対象があるはずですが、そのことが抜け落ちて「私はダメだ」と落ちこんでしまうことはないでしょうか?

「こういうところがダメだった」と対象がハッキリすれば、そこだけ反省して、ほかの部分はそのままでいいとわかるので、むやみに自分を責めて落ちこまなくてもすみます。

次の歪曲とは、ダメと思ったのはあくまで自分であって、まわりの人は全然ダメと思っていないかもしれません。**客観的な根拠もなしに「ダメ」と決めつけて**

しまうのを歪曲といいます。

最後の一般化とは、**一部のことを全部のことにすること**です。

子供時代、クラスの友達の何人かが、テレビゲームを持ち始めたとき、両親に、「みんな買ってもらっている。だから、ゲームを買って」

とせがんだところ、

「みんなって誰？」

と切り返されて撃沈したことがありますが、本当は一部のことなのに、「みんなが」と全部のことにしてしまうのを「一般化」といいます。

職場の同僚から素《そ》っ気《け》なくされると、（みんなから）嫌われていると思って落ちこんでしまうことはないでしょうか。本当はその一人から素っ気なくされたのに、みんなから、と置き換わってしまうのが一般化です。

では、どのようにしたらこの削除、歪曲、一般化というクセにはまらないようにできるのでしょうか？　誰でもできる簡単で超効果的な方法を紹介します。

削除、歪曲、一般化を解除するには、**「なんでやねん」などと自分で自分に突っこみを入れてみましょう。**

たとえば、「ダメな私」と落ちこんだとき、「どこがやねん!!」と突っこみを入れることで、削除・省略していた、「何が」を呼び戻すことができますね。

「私なんてダメだ」と落ちこんだら、「なんでやねん」と突っこみを入れてみる。すると、なぜダメなのかということについて、ハッキリした答えがないことがわかります。それはそのはずで、ダメだと決めたのは自分だからです。出来事・事実を、自分でダメだと色づけして解釈しているのだなと気がつくと気持ちがラクになります。

そして、「みんなから……」と一般化してしまっているのは、「誰がやねん」と突っこみを入れてみましょう。実は、一部の人との出来事を、あたかもみんなからと一般化してしまっていることに気がつきます。

カウンセリングでは、このような手法を「**明確化**」といいます。

何に、誰が、どうしてと状況や対象を明確化することで、悩みの対象や原因が明確になり、目の前がとてもスッキリしていきます。

「なんでやねん」という関西弁がいいと思うのは、私が、小中高と大阪に住んでいたこともあるのでしょうが、標準語で「なぜだろう」とすると、よけいに考えこんで重くなる感じがするからです。

関西漫才の「なんでやねん!!!」という明るいテンポで、自分とかけあいをすることで、思いこみを明るく解除して、前向きに一歩踏み出せるのではないでしょうか。

落ちこんだときは、「のだな」と受け止めて、「なんでやねん」と突っこみを入れてみてください。

「まだ起きていないこと」に悩んでいませんか

人生にはさまざまな悩みや心配事があります。

仏教を説かれたお釈迦さまは、**一切皆苦《いっさいかいく》**といわれ、**一切の人は皆、それぞれ悩み苦しんでいると説かれています**。

この苦しみ悩みを、どのように扱えばいいのでしょうか？

お釈迦さまはこの苦しみ悩みを上手に扱うことで、朗《ほが》らかに心軽く、安心して生きていく智慧を説いていかれました。

その中に「**三苦の教え**」といって、苦しみを三つに分けて説かれています。

三つとは、**苦苦《くく》**、**壊苦《えく》**、**行苦《ぎょうく》**ですが、この三つの苦しみの違いを知るだけで、私たちは、今、悩まなくてもいいことを悩んでいることに気がつき、気持ちがラクになります。

考えても仕方ないことに心を煩わせていることに気がつき、悩むことを手放すことができます。


最初の苦苦とは、**現在、苦しいと感じる苦しみのこと**です。

たとえば、虫歯で歯が痛い、風邪で熱が出て体がだるいといったような、今、ここで感じている苦しみのことです。


壊苦とは、**楽しかったものが壊れていくのではないかと嘆いたり、不安に思う苦しみのこと**です。

スポーツ好きな人が、年老いていくことを想像すると、体が動かなくなってスポーツができなくなることに落ちこむでしょう。未来のことを心配し、悩み苦しむのが壊苦です。

今、ここで感じている苦しみと、まだきていない未来に感じている不安や心配とに分けてみると、私たちのほとんどの悩みは、まだきていないことを心配し、悩んでいるのではないでしょうか。

未来というのは、字の通り、未だきていないということです。まだきていない未来のことを心配するあまり、今日の一日を大切に生きることができなければ、もったいないし残念なことです。あなたが悩んでいることは今、ここでの問題なのか、まだ、起きていないことについてなのかを分けてみなさいと教えられています。

三つ目の行苦というのは、**世の中、思い通りにならないということ**です。

行とは、諸行無常の諸行と同じ意味で、あらゆる物事ということです。

苦というのは仏教では「思い通りにならない」という意味がありますから、行苦とは、「この世の中は思い通りにならないものだ」ということです。

この体も、年を取れば動かなくなり、思い通りにならなくなります。どんなに計画を立てても、思い通りにいくことはほとんどありません。かならず想定外の出来事が起きるものです。

私たちの悩みや苦しみの原因というのは、結局のところ、思い通りにならないことをなんとか思い通りにしようとしていることに尽きるのではないでしょうか。

この苦苦、壊苦、行苦を通して、

今、まさにここに起きている問題なのか？

まだこぬ未来に心を煩わせているのか？

思い通りにならないものを思い通りに

しようと悩んでいるのか？

と、自分の悩みや不安、心配事を仕分け、整理してみましょう。

そうすることで、**今、悩む必要のないことに悩んでいたり、考えても仕方がないことに心を煩わせていることに気がつくでしょう。気がつくだけで、悩みや不安を手放すことができます。**

「一人ぼっち」だってもちろんOK

私たち日本人は、集団から外れて一人でいることに不安を感じやすいようです。

ある中学校の先生と話をしていたとき、女子生徒の一人が友達の輪に入ろうとしないのを心配して、何か悩みがあるのかとその子に聞いたところ、その生徒はまったく悩んでおらず、単に一人でいるほうが好きなだけだったそうです。

「一人でいるのはよくない」という思いこみでその子を見ていたのだなと気がついた、とその先生は言っていました。

この先生だけでなく、「一人ぼっちはよくないこと」という固定観念を持っている人は少なくないのではないでしょうか。だから逆に、一人でいると寂しい人と思われるのがイヤで、無理に人と会う予定を入れたり、そんなに行きたくないけれど誘いを断れなかったりする人も多いでしょう。

でも、本当に「一人ぼっちはよくないこと」でしょうか。

実はまったくそんなことはありません。

一人の時間をちゃんと持っている人は、毎日を豊かで充実したものにすることができます。

お釈迦さまは、

「犀《さい》の角《つの》のようにただ独《ひと》り歩め」

とおっしゃっています。

サイの頭の真ん中には、太く一本、立派な角が生えています。その一本独り立っている角を先頭にサイは力強く歩んでいきます。

このサイの角のように、**何かに頼ることなく、群れることなく、一人であるこ**

とを恐れずに生きていきなさいとお釈迦さまは教えていかれました。

一人でいるのが不安だから、みんなに合わせて何となく時間を費やしてしまうよりも、自分一人の時間を楽しめるほうがずっと豊かな時間の使い方です。

一人の時間を楽しめると、自分の本当にやりたいことができます。見たいものを見られます。食べたいものを食べることができます。

誰にも気を遣う必要はありません。自分の貴重な時間を、自分のやりたいことに使い、自由に楽しむことができます。

まわりからどう思われるか？　ということにとらわれると、あなたの大切な時間を失い、あなた自身を見失わせることになります。

一人でいるときは、自分自身と対話をしてはどうでしょうか。

自分の望んでいることや未来への希望について、自分自身と語り合うのです。

自分が何を求めているかが明確になり、希望ややる気が湧いてきます。

「いい日」や「悪い日」はなぜ続く?

悪いことやうまくいかないことが続くと、ついていない、運がないと自信をなくしたり、中には、祟《たた》られているのだろうか、呪われているのだろうかと不安になる人もありますね。

お釈迦さまは、

「吉日良辰《きちじつりょうしん》を選ぶことなし」

と言われて、**この日はいい日、悪い日ということはまったく決まってないのだよと教えていかれました。**

いいことも悪いことも、続くことはよくあることです。続いたからといって何かの祟りや呪いがあるわけではありませんから、まったく気にする必要はありません。

このことをよくわかっていただくために、セミナーの中でこんな実験をしたことがあります。

ふつうの6面あるサイコロを用意して、奇数が出たら吉、偶数が出たら凶だとします。このサイコロには何の仕掛けもありません。

サイコロを振ると、吉（奇数）が出る確率は2分の1、凶（偶数）が出る確率も2分の1です。

セミナーに参加した方に、実際にサイコロを30回ほど振っていただき、吉（奇数）が出るか、凶（偶数）が出るかをやってみてもらったことがあります。

すると、参加者から、

「あれ、吉が連続5回になりました」

「凶が連続7回も出ました。このサイコロは何か仕掛けがあるのですか？」

という声があがりました。

もちろん、サイコロには何も仕掛けはありません。どの目も平等に出るイカサマなしのサイコロです。では、なぜ吉が5回連続で出たり、凶が7回も連続で出たりすることが、あちこちで起きたのでしょうか。


確率2分の1ということが意味しているのは、奇数、偶数が同じ頻度《ひんど》で出ることを意味しているのではありません。1万回ぐらい振って、奇数、偶数の出る回数がほぼ同じに近づいていくということなのです。

奇数、偶数が交互に出るということではないのです。確率2分の1というと、奇数が出たのだから、次は偶数が出るだろうと、このように考える人は多いと思いますが、そうでないということですね。

ですから、奇数、偶数が続くこともざらにあります。ウソだと思ったらぜひ、お手元のサイコロで実験をしてみてください。

このサイコロ実験からもわかるように、どっちが起きてもおかしくないようなことであっても、一方が続いて起きることはよくあります。

たとえば、車を運転していると、今日はやけに赤信号に遭遇する、なんだかついていない日だと思うことがありますが、それと同じぐらい、青信号が続いてスイスイ走れた日があったはずです。ただ、そのことを忘れているだけです。

雨女とか雨男といって、自分が出かけると決まって雨が降るという人がいますが、これも同じで、自分が出かけて晴れていた日もあったはずですが、たまたま雨の日が続いてそう思っているだけですね。

人間は、悪いことが続くと、そこだけが記憶に残ってしまいやすいので、自分はついていない、運が悪いとネガティブに取ってしまいがちです。しかし、雨の日もあれば晴れの日もあるように、私たちの人生もいいタイミングに恵まれることもあれば、悪いタイミングが続くこともあります。

雨に降られたからといって、自分は雨男だ、雨女だと自分を責めて落ちこむのは馬鹿げたことです。同じように、悪いタイミングが続いたからといって、自分は運が悪い人間なんだと落ちこまなくてもいいのです。

雨の日は雨の日にできること、晴れの日は晴れの日にできること、どんなタイミングにもできるタネまきはあります。

日日是好日《にちにちこれこうじつ》というように、**どんな日も、その人の心がけしだいで好日（素晴らしい日）にすることができます。**

4章 そっと背中を押してくれるお話

仏教では意地やプライドを「我慢」といいます

本当はできることなのに、できないと思いこんで、チャレンジさえもしないということがあります。

メンタルブロックとかマインドブロックといって、

「自分には無理、どうせできっこない」

という思いが、自分で自分の可能性にふたをしてしまっているのです。

このマインドブロックを外すことができると、これまで「できない」と思っていたことが「できる」にがらりと変わり、閉じていた自分の可能性が大きく開けます。

今からずいぶん前のことですが、陸上界では、「1マイルの壁」といわれて、1マイル（約1・6キロ）で4分を切ることは人類には不可能だとされていました。それまでの世界記録は4分10秒3でした。

その後、ロジャー・バニスター選手が、科学的なトレーニングを導入し、1954年、ついに1マイルを3分59秒4で走り、4分の壁を突破する世界記録を打ち立てました。

ところが、その後1年の間に、次々と4分の壁を突破する選手が現われたのです。その数、22人にも上りました。日々、厳しいトレーニングに励むアスリートであっても、「1マイル4分を切るのは無理だ」という固定観念が4分の壁を破れなかったのでしょう。

1マイル4分の壁とは、心の壁であったことがわかったのです（ちなみに、2020年時点の世界記録はヒシャム・エルゲルージ選手の3分43秒13）。

子供のときから鎖《くさり》につながれていた象は、大人になって簡単に引きちぎれる縄でつないでも逃げなくなるそうです。

子供のころに、この鎖は切れないから逃げられないと植えつけられた先入観にしばられているからです。

このようなマインドブロックは、どうしたら外すことができるのでしょうか？

実は、誰でもできる簡単な方法があります。それは、**実際にやっている人の話を聞いたり、やっている様子を見たりすることです。**

それだけで、「あっ、こうしたら出来るんだ」と自分もできるイメージが湧いて、意識が変換します。そんなに簡単なことでと思うかもしれませんが、これを実践している人は少ないようです。

ある会社のトップセールスマンの方が、

「自分は若いころ、営業成績のいい先輩に無理やり頼みこんで同行させてもらった。どうしているのかを少しでも盗もうと思ったものです。

ところが、不思議なことにほとんどの人は、営業成績がいい人がどのようにしているのかを見ようとも聞こうともしない。私のところにも教えてほしいと尋ねてくる人はほとんどいませんね」

と言っていました。

世の中、成功したいと言いながら、成功できる人が少ない理由の一端を見た思いがしました。


仏教では「我慢」といって、自分が劣っていることを認めたくないという心がどんな人にもあると教えられます。我慢というと、忍耐するという意味で使われますが、もともと「俺が、私が正しいのだ」と自分の間違いや負けを認めることができない心を表わした言葉です。**意地やプライド**のことですね。

この意地や我慢が邪魔して、自分よりもできている人を認めて、話を聞くことができないのかも知れません。

「聞くは一時の恥、聞かぬは一生の恥」

ということわざがありますが、自分の意地やプライドで、自分の可能性を閉じこめて、本来の自分の可能性に気がつかないまま一生が終わってしまったら、とてももったいないことです。

一生の恥どころか、一生の損になってしまいます。

「できない」というマインドブロックを解除するには、実際にやっている人の話を聞いてみること。それには、ちょっとした気恥ずかしさやプライドを乗り越えられるかどうかがポイントです。

未来の自分のために一歩踏み出してみませんか。

続ける秘訣は「三日坊主」になること?

なかなか努力が続かない、という悩みがあります。「三日坊主」という言葉もあるように、何かに取り組んでも、三日も続かないうちにやめてしまうということがありますね。

三日坊主という言葉だけでなく、昔から物事が続かないさまを三日で表わすことが多いようです。

ごく短い間しか続かない政権を、三日天下といいます。

世の中は三日見ぬ間の桜かな(江戸時代の俳人・大島蓼太《りょうた》の俳句)にも、世の中の儚《はかな》いさまを三日で表わしています。

このように物事が続かないさまを、よく三日で表わしますが、どうして「三日」なのでしょうか。経験的に、物事を継続できるかの第一関門が、三日もしくは三回続くかだからです。

ある飲食店のコンサルタントの方が、

「お店のリピーターになっていただくために、まず、お客さんに三回きていただくことを目標にしましょう。

新規で来店されたお客さんが１００人いたとして、二回目に来店する人はよくて30人から40人です。三回目に来店する人は20人から30人とさらに減っていくのですが、三回目から四回目はほとんど減らなくなるからです。

ですから、リピーターになっていただくには、まず三回きていただくことを意識しましょう」

と言っていました。

それを聞いていたお店の店長さんたちは、

「確かに、アルバイトの人も、三日間やめずにきてくれるとそのあとは長く続くなと思いました。とにかく三回続くと、そのあと続きやすくなりますね」

と言っていました。


皆さんも、三日続けるとあとは比較的、継続しやすかったり、途中でやめても、再開がとてもしやすくなると感じることはないでしょうか。三日たたないうちにやめるのと、とりあえず三日間だけ続けるのには、大きな違いがあるようです。

そういうことからいうと、「三日もたたないうちに、やめてしまう三日坊主」ではなく、とりあえず「**三日だけやる坊主**」を目指すということは、物事を続けていくうえで効果的な心がけではないでしょうか。


仏教では、継続して努力していくことを精いっぱい進むと書いて、「精進」といいます。どんなに才能があっても、継続した努力なしには形になりません。

精進という教えは、六波羅蜜《ろくはらみつ》や八正道《はっしょうどう》という仏教の大切な教えの中にあげられて、私たちに教えすすめられています。

努力を継続していく心がけとして、私がよくお話ししているのは、「**志は高く目標は低く**」です。

理想や理念、将来の夢などの志は高く、大きければ大きいほどよいです。なぜなら、自分のやろうとしていることが大事なことであったり、多くの人のためになることだと思えるほど、使命感が湧いてきてやる気につながるからです。

逆に、皆さんが、もし誰かをやる気にさせたいときは、それに取り組むことがいかに世の人のためになるか、ということを丁寧に伝えることが効果的です。

ある小学校の先生が、「なんで勉強しないといけないのですか?」と生徒に聞かれたときに、

「勉強をしっかりすると、困っている人を助けることができるようになるからだよ」

と答えるといわれていました。勉強することで、将来の職業の選択肢が増え、困っている人たちを助ける仕事につけることを生徒に丁寧に説明すると、これまで勉強に消極的だった子が、積極的になることがあるといわれていました。

一方、「目先の目標はなるべく低く」がいいです。私たちが物事の計画を立てるときは、たいてい「よしやるぞ」とやる気になっているときです。そういうときに立てた目標というのは、どうしても目線が高くなりがちです。だから、忙しくなったとき、気持ちが乗らないときに「ちょっと無理」と続かなくなってしまうのです。忙しいとき、気持ちが乗らないときでもできる程度の低めの目標を立てたほうがいいと思います。

志は高く、目標は低く設定して、まずは「三日だけやる坊主」を心がけてみましょう。

「七枚目のせんべい」だけを食べようとした男の話

僥倖《ぎょうこう》という言葉をご存じでしょうか？

これは、まぐれ当たりの幸せという意味なのですが、お経の中に、

「天地に悪逆《あくぎゃく》して、僥倖を希望し」

という一説があります。

天地とはこの世の道理のこと。この世の道理に逆らって、まぐれ当たりの幸せを願い求めていないかというお釈迦さまのお言葉です。

お釈迦さまは、ヒマワリのタネからはヒマワリが咲き、朝顔のタネからは、朝顔が咲く、まいたタネに応じた花が咲くように、自身の行ないに応じた結果が現

われるのだと説いていかれました。

ヒマワリの花を咲かせたければ、ヒマワリのタネをまかねばなりません。朝顔のタネをまかねば、朝顔の花は咲きません。タネまきに応じた結果が現われるのです。

これを**因果応報**《いんがおうほう》といいます。聞けば誰もが納得ですが、私たちは、タネをまくことを忘れて、ついつい結果ばかりを求めてしまいがちです。

お経の中にこんな笑い話があります。

あるところに、愚かな男がいました。

この男は、せんべいが好きでした。男がせんべいを、一枚、二枚、三枚と食べて、七枚目を食べたとき、満腹になりました。

そのとき、男は、

「しまった、七枚目のせんべいだけ食べて、ほかの六枚は明日にまわせばよかった」

と後悔したというお話です。

聞くと、なるほどと思ってしまいそうですが、一枚目のせんべいを食べたから次のせんべいが二枚目になるわけで、七枚目のせんべいだけ食べるということはできるはずがありません。

七枚目のせんべいを食べることができないように、物事には通らなければならない道があることを教えられたお話です。


みんな、幸せの花を求めていますが、土を耕し、タネを植え、水をやり、出てきた芽を育《はぐく》むということがあって、美しい花を咲かせます。**突然、何もないところから花がパッと現われることはあり得ません。どんな物事も、通るべき道を経て至った結果なのです。**

逆に、努力をしていても、なかなか望む結果が出ないときは、今、あなたは道中にあるということです。ゴールはもう目の前にあるのかもしれません。

途中で投げ出さず、一歩一歩を堅実に歩んでいきましょう。

お釈迦さま流「何かを成し遂げる人」

人生は、順境のときもあれば、逆境のときもあります。
順境とは比較的物事がうまくいくこと、逆境とは頑張ってもなかなか芽が出ず苦しいときのことです。雨の日もあれば晴れの日もある、うまくいくときもあれば、うまくいかないときもあるものです。

逆境よりも順境のほうがいいと思いますが、恵まれた環境の中で、かつての苦労を忘れずに日々を励むのは難しく、ラクにおぼれ自分をダメにしてしまうこともあります。

お釈迦さまが、バッジ国という国で布教されていたときのことです。

バッジ国の人々は、勤勉で質素な生活をして、とても礼儀正しい人々でした。

弟子の阿難《あなん》が、お釈迦さまに尋ねました。

「隣国のアジャセ王は、凶暴な王で、このバッジ国を攻め取ろうと考えているそうです。バッジ国の人は国を守り通せるでしょうか」

まわりにいた修行僧たちも、お釈迦さまの言葉に耳を傾けようと集まってきました。

お釈迦さまは、バッジ国出身の修行僧が、藁束《わらたば》の枕を持っているのをご覧になり、

「アジャセ王の軍隊がいかに強くても、バッジ国の人たちが、藁束の枕を使う限り、攻め取ることはできないでしょう」

とおっしゃいました。

「阿難よ、お前もよく知っているように、アジャセ王の治めるマガタ国の国民も、かつてはバッジ国と同じように質素で倹約に務め、粗末な藁の寝床と藁の枕を使っていたのです。

ところが国が大きくなり、暮らしが豊かになると、藁の寝床を使うものが少なくなり、羽毛で作られた寝床で休み、夜遅くまで遊び戯《たわむ》れ、昼まで寝ている若者が増えたのです」

「おっしゃる通り、バッジ国には、昼まで寝ているなまけものはどこにもおりません」

「阿難よ、バッジ国の人々も、いつか藁の寝床を捨てて、羽毛の寝具を当然だと思うようになるかもしれません。そのときは、アジャセ王に簡単に攻め滅ぼされる隙を与えてしまうでしょう。

しかし、バッジ国の人たちが藁の枕を使う限り、アジャセ王がバッジ国を攻め落とすことはできないでしょう」

お釈迦さまは、そこにいた修行僧たちのほうを向かれ、

「いいですか。私たち、道を求めるものも同じです。**恵まれた環境の中にあっても、質素な生活を忘れず、精進できるものが、修行を成し遂げることができるのです**」

とおっしゃったというお話があります。


豊かになり恵まれると、ラクにおぼれてしまうのが人の常です。うまくいったときは、自分に才能や能力があったからだとうぬぼれ、過信してしまうものですが、物事がうまくいくのは、自分の力だけではありません。さまざまな人の支えやお陰あってのことなのです。順境のときはこのことを忘れてしまい、堅実な努力を怠《おこた》ってしまいがちです。

「自分の力だけではない」、このことが知らされると、逆境のときは、自らの取

り組みやあり方を反省して向上していこうという気持ちになり、順境のときは、ラクにおぼれず、支えになってくれた方々に感謝して、いっそう励もうという心になります。

順境には感謝、逆境には懺悔《ざんげ》して、順逆ともにタネまきを怠らないことの大切さをこのお話は教えてくれています。

雨だれが固い石に穴をあける
――「一点突破」

これぐらいの努力で何になるのかと思うかもしれませんが、些細《ささい》なことでも、一つのことを続けていけば、やがて大きな花が咲きます。

ちょっとしたタネまきも積み重なれば、やがて大きな実りを結びます。

平安時代の僧侶に明詮《みょうせん》という人がいました。

明詮が仏門に入って間もないころの話です。三年間、まじめに修行に打ちこみましたが悟りが開けず、行き詰まってしまった明詮は、

「自分にはこの道は無理だ」

と思い、早朝、置手紙を残して、山を下りることを決意しました。

朝もやの中、懐かしい山道を見ると、お師匠さまや仲間たちを思い出し、涙があふれてきましたが、涙を振り払い下っていくと、にわかに激しい雨が降り始めたのです。仕方なしに、そばにあった山門で雨宿りをすることにしました。

長くいればいるほど、仲間たちのことが思い出され、別れがつらくなります。早く雨よ上がれ、と念じる明詮がふと山門の軒下《のきした》に目をやると、軒下の石に穴があいていることに初めて気がつきました。

この穴は、何度も同じところにしたたり落ちる雨だれがあけたものでした。

明詮は、雷に打たれたような衝撃を受けました。

「この雨だれでさえ、同じところにしたたり落ちることで、固い石に穴をあけている。

二年や三年取り組んで、できないとあきらめていた私は、この雨だれにも劣る努力であった」

と、自分の決意がいかに軟弱であったかを反省しました。

ちょうどそのとき雨がやみ、カラリと青空になったのです。

明詮は急いで道を引き返し、お師匠さまと仲間たちに再び仏道を求めさせていただきたいと申し出ました。師匠と兄弟子たちは、快く明詮を迎え入れました。

明詮は後に仏教の大学者となり、今日までこのお話は語り継がれています。

とても柔らかい水滴でも、とても固い石に穴をあける。このことは、物事がうまくいかず、投げ出してしまいそうな私たちを励まし、背中を押してくれます。

ここで、もう少しこのことについて考えてみましょう。

どうしてとても柔らかい水滴が、とても固い石に穴をあけることができるのでしょうか。

それは、同じところに、続けて水滴が落ち続けるからです。

あちこち、でたらめに落ちる水滴なら、どれだけ経っても石に穴があくことはありません。また、一年に一滴だけなら、穴が開くにはどれだけの年月がかかるかわかりません。

同じところに続けて落ちるので、固い石に穴があくのです。

この雨だれの説法は、固い石に雨だれが穴をあけることがあるように、無理だと思うことでも一つのことに続けて取り組むことでかならず突破できることを教えてくれています。

「知っている」のと「実行する」の違い

知識と行動に食い違いがないことを知行一致《ちこういっち》といいます。

知っているということと、行動に移せるということには大きな隔《へだ》たりがあります。

昔、中国の唐の時代に、白楽天《はくらくてん》という人がいました。

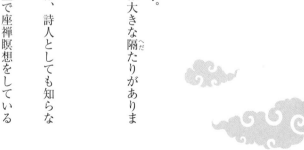

若いころ、儒教（孔子の教え）を熱心に学んだ白楽天は、詩人としても知らない人はいないほどの著名人でした。

白楽天が散歩中、道端の木を見上げると、なんと木の上で座禅瞑想をしている僧侶を発見したのです。びっくりした白楽天は、

「おい、坊さん、危ないぞ！」

と声をかけました。するとその僧侶は、じろりと白楽天を見て、

「危ないのは、そなたじゃぞ」

と言いました。

ただものではないと思った白楽天は、かしこまって、

「私は名もなき、白楽天と申します。あなたのお名前を教えていただけないでしょうか」

と尋ねると、

「私は名もなき、鳥の巣じゃ」

と答えました。

この鳥の巣と名乗った僧侶は、鳥窠道林《ちょうかどうりん》という名前のこれまた高名な僧侶でした。いつも木の上で座禅をしており、その姿が鳥の巣のようだったので、「鳥の巣」と呼ばれていたのでした。

白楽天は、

「あなたが、有名な道林さまですか。実はかねてから、仏教とはどんな教えか知りたく思っておりました。よい機会です。ぜひ一言、教えてくださらぬか」

と求めると、

道林は、

「諸悪莫作《しょあくまくさ》――もろもろの悪を作すこと莫《な》く

衆善奉行《しゅうぜんぶぎょう》――もろもろの善を行ない」

という偈《げ》（仏の功徳《くどく》をほめたたえる詩。四句からなる）で答えました。

これは「七仏通誡偈《しちぶつつうかいげ》」というお釈迦さまの教えを表わした有名な言葉です。

諸悪莫作――もろもろの悪を作すこと莫く

衆善奉行――もろもろの善を行ない

自浄其意《じじょうごい》――自らその意《こころ》を浄《きよ》くす

是諸仏教《ぜしょぶつきょう》——是がもろもろの仏の教えなり

「悪いことはしない
善いことをおさめる
自分の心を清くしていく
これが仏の教えです」

という意味です。

白楽天は、それを聞いて、

「なんだ、それが仏教ですか、そんなことなら3歳の子供でも知っていますよ」

とあざ笑うように言うと、道林はじろりとにらんで、

「3歳の子供でもこれを知るが、80歳の翁《おきな》でも実行することは難《かた》し」

と言い放ったといわれます。

悪いことはしない　善いことをおさめる

このことは、小さな子供でも知っているのかもしれません。しかし、実行できているかというと話は別です。

テレビや新聞には、いい年をした大人が、さまざまな悪事を働いてつかまっている様子が出ています。ちょっとした油断や、心の隙から魔が差してやったことが火種となり、これまで築いてきた社会的な信頼を水の泡にしてしまう人もあります。

知っていることがそのまま行動に移せるなら、そんな事件や犯罪はまず起きないでしょう。

白楽天は、まわりからちやほやされ、自惚《うぬぼ》れてまわりを見下していた自分の姿に気づかされました。恥ずかしさのあまり、とても道林を見ることができず、深く頭を下げて立ち去ったといわれます。

知っているということと、実行できるということは違います。子供でも知っていることができないから、人は苦しみ迷うのではないでしょうか。

「五つの壁」で立ち止まらないために

物事が習慣になるには、一朝一夕《いっちょういっせき》にはいかないものです。

仏教には、**持戒《じかい》**という教えがあります。

ここで「戒」というと、決まりやルールという意味にとれますが、もともとのインドの言葉「シーラ」は習慣を意味する言葉です。

持戒というのは、**よい習慣を身につける**という意味です。


その物事が習慣になるまでに、「五つの壁がある」といわれます。

なかなか身につかない、どうしたら習慣にできるのかとお困りの人が多いのは、五つの壁のどこかで止まっているからです。

この五つの壁とは、目の前に現われる順に、

①「**知識の壁**」
②「**行動の壁**」
③「**気づきの壁**」
④「**技術の壁**」
⑤「**習慣の壁**」

の五つがあります。

物事が身につき、習慣になるまでに、この五つの壁があることを知っていると、自分が今、どのへんにいるのか見当がつきます。今、自分が越えなければならない壁は何かもわかりますから、取り組みやすくなるでしょう。

第一の「知識の壁」を突破するとは、**知らない状態から、知っている状態になることで**す。

たとえば、これまで自炊したことがない人が自炊することにしました。

お米のとぎ方、炊飯器の使い方、みそ汁のつくり方、どんな食材をどこで買えばいいかを知らないと、取りかかることができません。知らない状態だと、物事に取り組むのがすごく億劫《おっくう》になりますね。

インターネットでレシピをチェックする。動画で、お米のとぎ方やみそ汁のつくり方を調べる。こうすればできると知っている状態になると、次の行動に移りやすくなります。

第二の「行動の壁」を越えるとは、**「知っている」から「やってみる」ということ**です。

知っているだけで止まっている状態から、行動に移してみるということです。

お米のとぎ方や、みそ汁のつくり方を知り、次は食材を買って実際につくってみるということです。

第三の「気づきの壁」とは、**やってみたら、できたという気づき**ですね。

自分には無理、どうせできないという思いが邪魔をしてしまいますが、この壁を越えると、なんだ意外とできるのだと、意識が「できない」から「できる」に変わります。「やってみたら、そんなに難しいものではなかった」というのが、気づきの壁です。

第四の「技術の壁」とはどんなものでしょうか。

これは、できたことでも、効率よくできないと面倒くさくて、一回きりで終わってしまいます。

手際よくお米をとぎ、みそ汁の具材をカットする。また、分量を正確に手軽に測れる計量カップを準備するなど、**手際よくできる技術や仕組みをつくること**です。

趣味でたまに料理するのと違って、毎日、出勤前に自炊するのに手間がかかっていては続きません。短い時間で手際よくできる技術や仕組みが大事になっていきます。

そして、最後が「習慣の壁」です。
毎日できるようになっても、今日は面倒くさくてやめておこうという気持ちになるものです。その中で、とりあえず**今日だけやってみようと継続をしていくこと**で習慣になります。

このように、知らない状態から、している状態になるまでには、五つの壁があるといわれますが、皆さんは、どの壁で行き詰まることが多いでしょうか。
あくまで私の経験ですが、多くの場合、最初の知識の壁で立ち止まってしまっているように思います。やらない理由に、「よくわからないから」とか「イメージが湧かないから」というものが多いからです。

ネットで検索し、動画などを見て調べていくと、こうすればできるのかとイメージが湧いてきます。そうすると、やってみようかなという気持ちになってきますね。

まずは、具体的にイメージができるように、関心のあることを調べてみるところから始めるといいでしょう。

「一隅を照らす」を実践してみると

天台宗をひらいた最澄《さいちょう》に、

「径寸《けいすん》十枚これ国の宝に非《あら》ず、一隅《いちぐう》を照らす、これ則《すなわ》ち国の宝なり」

という言葉があります。

この中の「一隅を照らす」という言葉を、座右《ざゆう》の銘《めい》にしている人も多くあります。この言葉は、中国の故事を最澄が引用したものといわれており、次のような由来があります。

今から2500年ほど前、魏《ぎ》の国の王さまが、斉《せい》の国の王さまに、

「私の国には、遠くまで照らす輝く宝石が十個もあります。あなたの国にはどん

な宝物があるのですか」

と、自分の宝石を自慢しました。

すると、斉の国の王さまはこう答えました。

「私の国には、多くの先まで照らす財宝はありませんが、それぞれの持ち場で精いっぱいを尽くすことで、国の千里先を照らそうとする者たちがおります。これこそ、我が国の宝です」

これを聞いた魏の国の王さまの顔は、恥ずかしさのあまり真っ赤になったといいます。

一隅とは「すみっこ」ということですが、置かれた場所で任されたことに精いっぱい取り組むことが社会を支え、国を支えていくのだということですね。

以前、環境問題に取り組む方の活動紹介をテレビで見ていたときのことです。その方は、地域の方々にゴミの分別ルールを守ってもらう活動に何年も取り組んできました。

「どのような取り組みが、一番効果がありますか？」

というインタビューに、

「そうですね。こうして朝、ゴミを出しに来られる方に、丁寧に、これはこの日に出してくださいねと説明することが一番効果があることが、これまでの経験の中でわかりました。

最初は張り紙をしたり、回覧板で回してもらったりしたのですが、あまり効果がありませんでした。ゴミ出しの日に一人ひとりに挨拶《あいさつ》して、違っているものはその場で説明することが、遠回りのようで一番確実です」

と答えていました。その地区は、分別ルールを守る優良地区になったそうです。

これこそ「一隅を照らす」だなと思いました。

物事を浸透させるときは、全体にアナウンスして一気に徹底しようとしがちです。もちろん、それが効果的なこともありますが、全体に呼びかけても、誰も自分のことだと受け止めなかったり、そのときだけの一時的なものに終わってしまうこともよくあります。確実なのは、遠回りのようでも一人ひとりにきちんと伝えていくことだと思います。

大きなことを一発逆転で狙ってもうまくはいきません。劇的な改革をしようとしても、反動や反発を招いて、結局、くたびれ損になってしまうこともよくあります。

自分が今いるところで、できることに精いっぱい取り組んでいく。

この「一隅を照らす」心がけが、やがて世界を照らすことになるのです。

なんでも「自分の課題」にしてしまっていませんか？

私たちは、ついつい他人の課題に首を突っこんでしまうことがあります。

よく考えると、それは相手が解決するべき問題なのに、その人の課題をしょいこんでしまっていることがあります。

今、あなたの悩みは、あなた自身が解決すべき課題なのか、それとも相手の課題なのかを分けてみましょう。

このことをアドラー心理学では、「課題の分離」といいますが、お釈迦さまも、

他人のしたことと、しなかったことを見るな

ただ、己のなすべきことをなしてゆけ

と、**自分本来の課題に向き合うことを教えられています。**

今、あなたが悩んでいることは、あなた自身の取り組むべき課題なのか？　それとも本来、相手の解決すべき課題なのか？　を仕分けて見ることで、悩む必要のないことに悩んでいたと気づくこともあります。

彼氏が働こうとしないことで悩んでいる女性がいました。

「どうして、彼氏が働かないことで、あなたが悩まねばいけないのですか？」

「だって、彼なりに頑張って夢を追いかけているのだから」

「彼は困っているのですか？」

「困っていると思います」

「でも、あなたが生活の面倒を見ているのだから、困っていないのでは？」

「確かにそうです……」

「困っているのは誰ですか？」

「私ですね」

「どうして、あなたが困らなければならないのですか？」

「確かに、私が悩む必要はないですね」

この場合、彼氏が働くかどうかは彼氏自身の問題です。なぜなら、自分自身の生活を支えるのは、自分の責任だからです。本来、この女性が悩むことでも、困ることでもありません。

好きであることと、その人の課題をしょいこむこととは違います。しょいこむことで、相手がますます自分の課題に向き合わず、依存してしまうこともあります。

時には、「自分のことは自分でして」とハッキリ伝えることも大事です。

もちろん、すべてにおいて、割り切って考えるのは難しいことですし、そうしなければならないということではありません。時には、相手が解決すべき課題だとわかっていても、一時的に自分が代わりにしてあげることが必要なこともあります。

しかし、**本来はどちらが向き合い取り組むべき問題なのか、ということがわかっていないと、自分はいつまでも相手のことで悩み、相手はいつまでも自分の課題として受け止めないということになってしまいます。**

今、あなたの悩みは、本来は自分の課題なのか、それとも相手が向き合うべき課題なのかをまず分けてみましょう。

苦しむのは「できないこと」を「できる」と思うから

私たちは皆、人生の根本的なところに無知で暗く、そのため、さまざまな迷いを抱え、苦しみ悩んでいるとお釈迦さまは説かれました。

物事の道理がわからず、「できること」を「できない」と思いこみ、「なれないこと」を「なれる」と思って苦しんでいます。

この無知が晴れたとき、「できない」「なれない」という悩み自体がなくなるのだと説いていかれました。

私たちの悩みは、そもそも「できないこと」を「できる」と誤解しているところから、始まっていることが多いのではないでしょうか。

たとえば、一人でも自分を嫌っていそうな人がいると、気になって落ち着かないということがあるでしょう。しかし、誰からも嫌われないという人は、この世に存在するでしょうか。

他人の評価は人それぞれです。それぞれの都合や立場で、いい人、悪い人と評価します。

十人いれば、十人それぞれ都合や立場が違いますから、それぞれにとってのいい人、悪い人は違います。

お釈迦さまでさえも、ご自身のことを通して、

「皆にてほめる人はなく、皆にてそしる人はない」

とおっしゃっています。

みんなから、好かれる人もないし、みんなから嫌われる人もないのです。

みんなから好かれていないと落ち着かない、一人でも自分を嫌ってそうな人がいると気になって落ち着かないというのは、お釈迦さまでさえできないことを、できると思って悩んでいることにならないでしょうか？

無明（無知）を晴らす働きを、仏教で智慧といいます。

できることはできる、できないことはできないとハッキリ区別することができれば、できることには一生懸命取り組めばいいだけですし、できないことは、できないと受け入れるしかありませんから、「できない」「なれない」で悩むことはなくなります。

アメリカの神学者ラインホルド・ニーバーという人は次のような言葉を残しています。

変えることのできるものについて、

それを変えるだけの勇気をわれらに与えたまえ

変えることのできないものについては、
それを受け入れるだけの冷静さを与えたまえ

そして、変えることのできるものと、変えることのできないものとを、
区別する智慧を与えたまえ

「できること」と「できないこと」の仕分けをすることで、私たちの悩みはずいぶんなくなります。

ぜひ、悩みの仕分けをしてみてください。

5章

ご縁《つながり》に気づくお話

幸せに生きるのに必要な「四つの食事」

「人はパンのみで生きるにあらず」

これは聖書の一節ですが、私たちは、パンやご飯だけで生きることができるかというと、そうではありません。

もし、誰もいない牢獄《ろうごく》の中で一人、食事だけが供給されたとしても、きっと長くは生きていけないでしょう。体の栄養だけでなく、心の栄養も生きていくうえで必要です。

仏教の教えの中に、**四食**《しじき》という考え方があります。

段食《だんじき》、**触食**《そくじき》、**意思食**《いしじき》、**識食**《しきじき》という四つの食事です。

段食とは、食を断つ断食ではなく、**一口、二口と食事をすること**です。普通の食事のことです。バランスよく、体にいいものを食していくことが大事ですね。

触食とは、**いろいろなものとの触れ合いが、生きる栄養になるということ**です。人はひとりでは生きていけません。親や兄弟姉妹との触れ合い、友人や学校の先生、知人、同僚、恋人、夫婦……さまざまな触れ合いの中で成長していきます。人だけではありません。犬や猫、魚や鳥といった生き物との触れ合いの中で生きる力を得ることもあるでしょう。豊かな自然、美しい景色、吹き抜けるそよ風など自然との触れ合いで感性が育まれます。

意思食とは、**「〇〇をしよう」という意思もまた、その人を活かす栄養になるということ**です。

生きていくために、やりたくない仕事でもやらなければならないことがあるでしょう。

そういうとき、仕方がなしにやるのと、覚悟を決めて自らの意思で取り組むのとでは、身の入り方が違います。

最後の識食ですが、**識とは、見たり、聞いたり、嗅《か》いだり、味わったり、触れたり、考えることです。五感で感じ、頭で考えることも心の栄養になるという教えです。**

人が健全に生きていくためには、

・バランスの取れた健康的な食事
・他者との関わりや触れ合い
・目標を持って主体的に生きる
・五感で感じ、頭を使う

この四つの食事が大事だということですね。

どれも大事ですが、現代では、特に他者との関わりや触れ合いという食事が、不足がちになっているようにも思います。

仕事以外の人間関係が希薄で、休みの日に何をしていいかわからない。

いいことがあっても、一緒に喜べる友達がいない。

安心して自分を出せる場所がなく、いつも人目を気にしてしまう。

炎上しないように気をつけながら、ＳＮＳに投稿する。

あげればきりがありませんが、現代の私たちに、ほっと一息安心できる居場所や、人との触れ合いがなかなか見つけにくいように思います。

人は一人では生きていけません。さまざまな人との触れ合いが必要です。

そして、その触れ合いが良質なものであればあるほど、より幸せに生きていくことができます。

体の栄養だけでなく、心の栄養も大事にしたいものです。

「人生を変えるチャンス」は誰からもたらされる？

仏教に「**機縁**《きえん》」という言葉があります。**機とは心のこと、縁とは教えを説くきっかけのことです**。仏さまが私たちの心（機）の状態が整ったのを見計らい、「よし、今が教えを説くチャンスだ」と教えを説かれるのを「機縁が熟する」といいます。

ここから転じて、その人の心（機）に合った縁がやってくることを「機縁が訪れる」といいます。

人生にはさまざまなきっかけやめぐりあいがありますが、ただ単に待っているだけでは、何もチャンスは訪れないものです。

めぐりあえる縁というのは、その人の心や行動のあり方によっても変わります。

私たちの考え方や心のあり方、日々の行動が変わると、これまで出会うことがなかった縁がやってくるものです。

人生の転機となるきっかけは、どんな人からもたらされるのでしょうか？

このことについて、ある機関が研究調査した結果、転職や結婚相手との出会いなど、**人生の大きな転機は、普段めったに会わない人からもたらされること**が判明したそうです。

年に1回か2回しか会わない人、たま

たま出会った人から、その後の人生を大きく左右するきっかけが与えられるということは、なんだか不思議な感じもしますが、よくよく考えると理屈が通っています。

普段よく会う人は、持っている情報もたいてい似たものになりやすいです。近所の知人や友人を考えてみるとわかりますが、知人も重なっていることが多いので、話題も同じようなものになりがちです。ですから、そこからこれまでなかったようなきっかけがめぐってくることは少ないと言えるでしょう。

一方で、普段めったに会わない人は、自分とは違った人とのつながりを持っていますので、自分の行動半径の中にはない情報を持っていることが多いと言えるでしょう。

このことから考えても、普段よく会う人よりも、めったに会わない人から、思いがけないチャンスやきっかけが与えられることが多いのです。

ただ待っているだけでは、転機というのは訪れません。

いいめぐりあわせにあえないと嘆いているのなら、それは、ひょっとしたら、自分の行動半径の中に閉じこもって、そこから出ていないだけなのかもしれません。

普段、話しかけない人に声をかけてみる。
いつも行かない場所に行ってみる。
いつもは避けている仕事を買って出る。
今日は、自分から挨拶してみる。
普段、参加しないミーティングに出てみる。
自分が読みそうもない本や映画を見てみる。

転機となる扉は実はすぐそこにあって、普段の世界を一歩踏み出してみることで、開かれます。
自分が変われば、チャンスはおのずともたらされるものです。

「こんな人と関わってはいけない」という重い教え

お釈迦さまは、大きな罪を犯した人にも分け隔てなく教えを説かれ、自分の愚かさに気がつくことができず苦しんでいる人にも根気強く、何度も教え諭し、導いていかれました。

しかし、時には毅《き》然《ぜん》とした厳しい態度で、関わりを断ち切るようにおっしゃったこともあります。

あるとき、たくさんの修行僧が、お釈迦さまのもとに集まることがありました。するとどこかで激しい口論が聞こえてきました。居合わせた僧たちはいっせいに大声のするほうに顔を向けました。

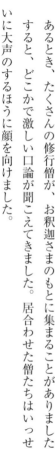

「いつ俺がそんなことをした。言いがかりをつけると、ただですまないぞ」

と、若い僧は、気の弱そうな中年の僧に声を低めて、脅《おど》すように言いました。

中年の僧は、何も言い返せず下を向いて黙っていると、それを見ていた老人の修行僧が険《けわ》しい顔をして、若い僧に言いました。

「おい、ワシもお前の悪い話を聞いている。あんたは先日、貧しい家を訪問して、『食べ物を布施しないと地獄に堕ちるぞ』と脅して、食べ物をせしめたそうではないか。その家には腹をすかした子供も何人もいたのだぞ。お前は、自分の空腹を満たすために、子供たちの食べ物をかすめ取ったのだ」

若い僧は、キッと老僧をにらみつけたが、まったく動じないのを見ると、態度を変えて、

「いや、それは勘違いですよ。私は、あくまで一般論をお話ししただけで、そん

な地獄に堕ちるなんて言って脅したわけではありません。その方はたいへん信心深く、喜んで布施してくださったのです」

と老僧にこびへつらいました。

すると、また別の僧が、

「私もまた、別のよくない噂を聞いていますよ」

と思いあまったように、声を震わせて言いました。

若い僧は、値踏みするようにその僧を見て、言い負かせそうだと思うと、

「ほう、それは証拠があってのことですよね。さあ、そう言うなら、証拠をあげてみてください。単なる噂話でしたではすまされませんよ」

と切り返しました。

そのとき、その若い僧の言動をじっと見ておられたお釈迦さまが、

「修行僧たちよ、この若者を今すぐ、ここから追い出しなさい」

とおっしゃいました。

槍《やり》のような鋭いお釈迦さまの眼差しに、とても言い逃れはできないと思ったのか、その男はすごすごとその場から逃げていきました。


お釈迦さまは、静かにおっしゃいました。

「あの若者は、この場にいてはならない。

あの若者は、言うならば田畑に生える雑草なのだ。

もし、雑草を放置していたら作物は枯れてしまうだろう。あのようなものがお前たちの中にいては、健全な心は育たない」


お釈迦さまは、どんな罪を犯した人も、その罪を悔い、改めようという心が少しでもあれば、見捨てることなくその心を手掛かりに導こうとされました。

しかし、追い出された若者は、修行僧のふりをして、自分自身の姿を振り返ることもなく、純粋な信徒の心を利用して食べ物や金品をかすめとっていました。

それを他の僧侶から指摘されても、悪びれることなく、気弱そうな相手は脅し、かなわぬ相手には、へつらってやり過ごすことしか考えておりませんでした。

お釈迦さまの説話には、温かく慈悲深い面を表わしたものが多いですから、このようなお話を聞かれると、びっくりされる方がいるかもしれません。

しかし、**時には、多くの人を惑わす悪縁には、その関わりを断ち切るように、お弟子におっしゃったこともあるのです。**

悪を悪とも感じず、誰に何をいわれても自分を振り返ることもしない、ただ、自分の利益都合のために他人をないがしろにするものには、たいへん厳しい態度をとられたのです。

「戦わなければ負けない」王の智慧

昔、インドに、お釈迦さまの教えをたいへん大切にしている王さまがいました。その王さまには、一つの日課がありました。それは、毎日、仏塔のまわりを百篇まわることでした。

まわりながら、**王は国の人々がどうすれば幸せになれるか、安心して暮らすことができるかを考えていました。**王はこの時間をとても大切にしていました。

今日もいつも通り塔をまわり、その半ばほどになったときです。大臣が血相を変えて駆けつけました。

「大変でございます。隣国の王が大軍を率いて攻めてきました。今すぐ、城に戻って、国を守るように兵士たちに命令をお出しください」

ところが、王は塔のまわりをまわることをやめず、のんびりとこう答えます。

「そうか、攻めてきたなら、それもまたいいではないか」

大臣は、

「この国が奪われようとしているのですよ」

「わかっておる。わかっておる」

しばらく思案した王は立ち止まり、大臣にあることを話しました。大臣は、不思議そうな顔をして、その場を立ち去りました。


それから、どれほどの時間がたったのか、大臣が再び戻ってきて、

「王さま、なぜだかわかりませんが、隣国の王が何もせずに帰っていきました」

王はうなずき、

「お前は、隣国の王にどのように言ったのだね」

「はい、隣国の王が『お前たちの王を出せ』と言ったので、

『王さまは、今、仏塔のまわりをまわっていらっしゃる』と答えました。

『国が奪われそうになっているのに、なんてのんきな王だ』と申しますので、王さまがおっしゃった通り、

『戦いをして血を流し、お互いの命を奪い合うことはなんて愚かなことだろう。他者を犠牲にすることで、自分の欲を満たすことが正しい生き方と言えるだろうか？ 今、私は、本当の幸せとは何か？ 本当の喜びとは何かを考えているのだ。この大切なことをほっとくわけにはいかない』

というのが、我が王の考えだ」

と答えました。

王さまは、満足そうにうなずき、

「よく言ってくれた。隣国の王もたいへん賢い方だ。私の気持ちがわかってくれたのだ。あと、もう少しで終わるから、お前も一緒に歩かないか」

そう言うと、王は何事もなかったかのように、また歩き始めたのでした。

人間は鬼にも菩薩にもなりうる。だから……

医療の最前線で、懸命の人命救助に当たる方もいれば、自分勝手な理由で、耳をふさぎたくなるようなひどいことをしてつかまる人もいます。同じ人間でもどうしてこんなに違うのでしょうか？

人間は、本来は善なるものなのか？　悪なるものなのか？　どちらなのでしょう。

仏教では人間は本来、性善説でもなく、性悪説でもないと説きます。ちょうど白紙のようなもので、環境や縁によってどのようにでもなるのが人間だと説かれます。

美しい色に染めていく人もあれば、怒りや憎しみの色で染まっていく人もあるでしょう。しかし、元は皆、白紙の状態なのです。

犯罪を犯した人を見ると、根っからの悪人のように思いがちですが、そうせざるを得ない事情があったということもあります。

「加害者はかつての被害者だった」

という言葉がありますが、人を傷つけ加害者としてつかまった人も、かつて、さまざまな不条理や、不平等、差別を受けて、傷つけられた被害者である場合も多いのです。

『歎異抄《たんにしょう》』という古典の中に、

「私の心が善だから、人を殺さないのではないのだ。

殺してはならないと思っていても、百人、千人を殺してしまうこともあるのだ。

（中略）縁さえくれば、どのようにでもなってしまうのが人間なのだよ」

という一節があります。

以前、講座の中でこの『歎異抄』について話をしていたときのことです。がっちりした体格に、いかめしそうな顔つきの60代ほどの男性が聞きにこられていました。

「怖そうな人だな」とドキドキしていたのですが、講座が終了したあとに声をかけると、しみじみと感想を語ってくださいました。

「私は家も貧しく、両親も病気がちで、寂しい子供時代を過ごしました。クラスの同級生が『両親に遊びに連れていってもらった』と楽しそうに話しているのを聞くと、悔しくて、つらくて、そのイライラを同級生にぶつけていました。

そんなとき、学校の先生は俺を一方的に叱ったんです。今思えば、自分が乱暴だったので仕方なかったんですが、当時の自分は、『なんで自分だけ』とひねくれていきました。

中学になると、問題児というレッテルを貼られて、警察に厄介になりました。そうなるとやっぱり学校の先生も同級生も、自分を根っからの悪者みたいに扱いました。

別に悪いことをしたくてしていたわけでなく、誰もわかってくれようとしないし、自分だけを悪人みたいに見られているのが悔しかったんですね。

今日の話、もっと若いころの自分に聞かせてやりたかったと思いました」

この方は、現在は警備会社の社長をしていて、多くの従業員を支えておられるということでした。

従業員の中には、借金があったり、住む場所がなかったり、いろいろ問題がある方もいるそうなのですが、過去の自分の姿だと思うと放っておけず、借金を一時的に立て替えて返済の手助けをしたり、会社でアパートを借りて住居を提供したりと、支援を含めて雇用を続けているそうです。

うまく思いが伝わらないこともあったり、立て替えた借金をそのままに夜逃げされてしまったこともあるそうですが、それでも、いつかわかってくれると信じて、従業員と向き合い続けているといわれていました。

人間は、縁しだいでどうにでも変わってしまいます。やりたくなくても、せずにおれない環境に追いこまれてしまうこともあります。

鬼になることもあれば、菩薩《ぼさつ》になることもあります。

もし自分が、悪を犯さなくても生きていけるとしたならば、それは、自分の心が善いからというよりも、悪を犯さなくてもすむ環境に恵まれていたからだけなのかもしれません。

6章

日々を心穏やかに生きるお話

「一夜賢者の偈」――今この一瞬に心を向ける

一生といっても一年の積み重ねです。一年といっても一日の積み重ねです。一日といっても一時間、一時間といっても一分、一分といっても一秒、一秒といっても一瞬の積み重ねです。

ですから、一生は今、この一瞬の積み重ねといっていいでしょう。

お釈迦さまは、過去にとらわれず、未来に恐れず、今のこの一瞬に心を向けて生きなさいと教えていかれました。それを歌にして教えられたのが、「一夜《いちや》賢者《けんじゃ》の偈《うた》」です。

ある日、サミッディーというお弟子が、早朝近くにあった温泉に行ったときのことです。そこに温泉の神が現われて、サミッディーに、

「お前は、『一夜賢者の偈』というのを聞いたことがあるか？」

と尋ねます。

サミッディーは、そんな偈は聞いたことがないと答えると、温泉の神は、それはとてもすごい歌らしいので、ぜひ、お釈迦さまに伺って私にも教えてほしいと言いました。サミッディーは、風呂から上がると、早速お釈迦さまに尋ねたのでした。

お釈迦さまは、その他大勢の修行僧を前に、この一夜賢者の偈を唱えました。

過去を追いかけ　未来を願う　それはあってはならぬこと
なぜなら過去は　もうすでに　捨て去ったもので
未来とはまだこぬことを　示すのだから

大事なことは　現在を　よく見極めて　動じずに
まっすぐ正しく　生きること
あす死神の　大軍が　こないと誰が　言えようか
一夜賢者とは　このことを　よく知りなまけず　励むもの

この偈を聞いた修行僧たちは、深く感銘を受けましたが、偈の形だったので、今一つ、その心がわかりませんでした。そこで、偈の意図を尋ねたのです。

「いいですか、なぜ、過去を追いかけてはならないのかといえば、過ぎ去った過去に対して、ああしておけばよかった、こうしておけばよかったとどれだけ思い悩んでも仕方がないことです。そして、そうしている間に、今というかけがえのない瞬間は過ぎ去っていくからです」

「なぜ、未来を願ってはならないのかといえば、まだきていない、未来に期待し

て、今なすべきことを忘れたり、まだこぬ未来に恐れをいだき、今なすべきことに手がつかないのは、愚かなことだからです。

私たちの命は、いつ果てるかわかりません。大事なことは、現在をよく見極めて、動じずにまっすぐ正しく生きることです」

サミッディーたちは、一夜賢者の偈の心を知り、
（この命はいつ消えるかもしれない、過去は過ぎ去り、未来はまだきていない。今、この一息の中に、私たちは存在している。この今という瞬間を大切にしていかねば……」）
と、偈の心をかみしめました。

日々過ぎ去った過去にとらわれ、まだきていない未来に振り回され、大切な今を見失ってしまっていないでしょうか。この偈を心に置いて、日々を過ごしたいものです。

「急がなくてもいいこと」に急いでいませんか

命とは、その人に与えられた時間と言えるでしょう。どんな人にも、一生という限られた時間しかありません。その時間を何に使うかで、豊かな人生が送れるかどうかが決まるといっても過言ではありません。

「暇つぶし」という言葉があります。読んで字のごとく、暇をつぶすということですが、英語でいうと、ＫＩＬＬ　ＴＩＭＥ（時間を殺す）です。ヒマをつぶす、時間を殺す、どちらも意味を考えるとゾッとします。時間という自分の命の一部をつぶし、殺しているということだからです。

限られた時間という資産を、どのように活かしていけばいいのでしょうか？

ある大学教授が、学生に向かってこんな話をしました。

「ここにあるバケツに、ゴルフボールを目いっぱい入れてみる」

と言って、ゴルフボールを入れました。

「このバケツに、これ以上入ると思いますか？」

と尋ねた教授に、学生たちは、

「ゴルフボールでいっぱいですから、もう入りません」

と答えると、教授は用意していた砂利をバケツに入れました。砂利はゴルフボールの隙間《すきま》に入りました。

「これでいっぱいかな？」

教授は、今度は細かい砂をバケツに入れると、砂利との間に、砂が入っていきました。

学生たちは、どっと笑いました。

「これでさすがにいっぱいだと思うだろう？」

ニコッと笑った教授は、カップに入ったコーヒーをバケツの中に注《そそ》ぐと、コーヒーは、砂の中に染みていきました。

「諸君、これは君たちの人生をたとえている。

このバケツとは、一人ひとりに与えられた時間だ。一生の時間は実に限られている。

次にこのゴルフボールとは、家族や友人、健康、生きがいといった幸せに欠かせないものだ。

次の砂利とは、住まいや仕事、財産などの生きるうえで欠かせない手段だ。

最後の砂とは、日常の些末《さまつ》なことだ。

もし、最初に砂でバケツをいっぱいにしたら、どうなるだろうか？

ゴルフボールや砂利は入らなくなってしまうだろう。

だから、大切なことは、大事なものから入れていきなさい、ということなんだよ」

学生たちは、「なるほど！」と言わんばかりに感心しました。

この教授が言うように、人生は確かに短く時間は有限です。

ところが、私たちは、それほど大事ではないことや、急がなくてもいいことに振り回され、大切な時間を失ってはいないでしょうか。

お釈迦さまの言葉に、

世人、薄俗《はくぞく》にして、不急のことを争う（大無量寿経《だいむりようじゆきよう》）

があります。

私たちは、目先のことしか見えなくて、急がなくてもいいことを、急いで争っているといわれています。

あれをしなければならない、これをしなければならないと、あわただしく急いでいる毎日の中で、本当に自分にとって大事なことは、どれほどあるのでしょうか。

もし、あと一週間の命となったら、忙しく動きまわっているほとんどのことが、どうでもよくなってしまうのではないでしょうか。

でも、あとわずかの命となったときに、どうでもよくなってしまうことに、人生のほとんどの時間を費やしているのではないでしょうか。

そう考えると、人生のバケツを些末な砂でいっぱいにしてはならない。大事なものから入れていかねばならないという教授の話はよくわかります。

学生が、質問をしました。

「ところで、最後に入れたコーヒーは一体、何をたとえているのですか」

教授は、にっこり笑って、

「このコーヒーはね。どんなに忙しくても、ほっと一息、コーヒーを飲む時間は、つくれるものだということだよ。どんなときでも一息つくゆとりと心がけを忘れてはならない」

どんなにあわただしくても、一杯のコーヒーを飲む時間さえないという人はないでしょう。

忙しいという字は、心を亡くすと書くように、自分を見つめ、振り返る余裕をなくしている状態ですが、そんなときだからこそ、ほっと一息つく時間を取っていきたいものです。

眼を閉じて、吸う息、吐く息の呼吸に心を向けていきましょう。

その瞬間は、喧騒《けんそう》から離れ、静寂な時間になるはずです。息の継ぐヒマのないという言い回しはありますが、息をする時間のない人はいません。

今の呼吸に心を集中してみましょう。目まぐるしさが止まり、自分を振り返るひとときが生まれるはずです。

「おい主人公、目を覚ましているか？」

私たちは、人生の中でさまざまな役割を演じなければなりません。
家庭の中では、夫として、妻として、父親として、母親としての役割があります。職場では、上司として、部下として、さまざまな立場の中で自分の役割を果たしています。

役割とは「割り振られた役」ということですね。
私たちはその都度《つど》その都度、割り振られた役を演じて生きていると言えるでしょう。

時には、演じなければならない役にしばられてしまい、自分自身を見失ってしまうこともあるかもしれません。

でも、忘れないでほしいのは、あなたの人生の主人公はあなた自身だということです。どんな役割があったとしても、それは、あなたの人生という舞台の上のことです。

どんな役を演じていても、主人公はあなたなのです。

昔、中国の唐の時代に、瑞巌《ずいがん》という禅僧がいました。

瑞巌は毎朝、自分に向かって、

「おーい、主人公」

と呼びかけ、

「ハイ」

と返事をしていたそうです。

そして、

「主人公、目を覚ましているか？　人を欺《あざむ》くことも、欺かれることもあってはならないぞ」

と毎日、自分に向かってつぶやいていたといいます。

人生の主人公は自分自身なのに、私たちは、他人の期待に合わせようとするあまり自分本来の姿を見失っていたり、他人の目によく映りたいという気持ちから、本来の自分を出せずにいることはないでしょうか。

そんな自分に、

「おい、主人公、お前はお前の人生の主人公であることを忘れるな」

と、瑞巌は呼びかけていたのでしょう。

アップルの共同設立者の一人、故スティーブ・ジョブズ氏は、禅仏教に傾倒していたといわれます。ジョブズ氏が瑞巌の話を知っていたかどうかは定かではありませんが、毎朝、鏡に映った自分に向かって、

「もし今日が人生最後の日だったら、僕は今からすることを〝したい〟と思うだろうか？」

と問い続けたといわれます。

そして、その質問に対して、あまりにも「ノー」が続くなら、それは何かを変えなければいけない証拠だと語っています。

人生には、さまざまな役割があります。しかし、その役割に振り回されて、自分が人生の主人公であることを忘れてはなりません。

あくまで、あなたの人生の主人公は、あなたなのです。

「人の命の短さは一呼吸におさまる」という お釈迦さまの教え

ある昼下がり、お釈迦さまが、

「人の命とは、どれほどの間だと思うか？」

とそばにいた数人の弟子に尋ねられました。

ある弟子は、

「私の母はたいへん元気でしたが、ある日、病に伏せて、それから数日間の間にこの世を去りました。人の命は、儚いものです。数日間の間に消えてしまうものだと思います」

お釈迦さまは、この答えに満足されませんでした。

別の弟子が、

「私の父は、食事をしているときに餅をのどに詰まらせて、その場であっけなく逝《い》ってしまいました。命とはなんともろいものかと思いました。食事をする間もなく、終わってしまうものが命だと思います」

お釈迦さまは、この答えにも満足されませんでした。

もう一人の弟子が、

「お釈迦さま、私はかねてから、この命は吐いた息が吸えなければ消えてしまう。吸った息が吐き出せなければ、この命はついえてしまうと思っておりました。命とは、吸う息、吐く息のこの呼吸の中におさまるのではないでしょうか」

お釈迦さまは、この答えに、初めて満足げにうなずかれ、

「その通りだ、**吐いた息が吸えなければ、吸った息が吐けなければ、**そのときを

もって命が終わる。実に私たちの命は足が速い」

とおっしゃいました。

生死一如《しょうじいちにょ》という言葉があります。

生きるということと死ぬということは、紙の表裏のような関係で一つの如しということです。

人生とか一生というと、何か長く感じるかもしれませんが、この一呼吸がつげなくなると一生はそこで終わりです。

そう考えると、生と死はまったく別々のものではなく、一呼吸一呼吸に触れ合っている、となり合わせの関係なのです。

ところが、私たちはこのことを忘れて、死という問題をずっと遠い先のように思い、この命はいつまでもあるものだと思ってはいないでしょうか。

もし、それが正しいなら、突然、死に別れるということはないでしょう。

現実は朝「行ってきます」と言って家を出たきり、それが最後の別れになることが、毎日どこかで起きています。

平穏な毎日が続くと、それがあたりまえの日常と思ってしまいます。

でも、諸行（あらゆるもの）は無常（常がない）といわれるように、日常とは本当は日々、無常なのです。

どんな人とも、どんなものとも、やがて別れがやってきます。一緒にいられる間は、短かろうが長かろうが、しばらくの間です。

このことを深く知らされると、今こうして出会えているご縁に感謝し、大切にせずにおれません。

「安らぎの一日」はそうでない百年に勝る

私たちは何のために生まれ、生きているのでしょうか？

これは、人間にとって、最大の疑問だと思います。一生のうちで、自分の生きる意味や目的を問わずにいられなくなることは、どんな人にもかならずあるのではないでしょうか。

この問いに答えを示してくれているのが、子供なら誰でも知っている、やなせたかしさんが作詞された「アンパンマンのマーチ」です。

歌の冒頭の「生きる喜び〜たとえ胸の傷が痛んでも」とは、私たちに、胸の傷が痛むような苦しくつらいことがあっても、生きてきてよかったという喜びはありますか？　という問いかけでしょう。

おいしいものを食べたときや収入が増えてほしかった車や家を手に入れたとき、意中の人と仲良くなれたときは、誰でも生きていてよかったと思うでしょう。

しかし、思い通りにならず失敗し、人生の荒波の中に放り出され、苦しくつらい思いをすることがあります。そんな中でも、「生きてきてよかった」という喜びを感じることができる人は、本当に幸せな人です。

この喜びを知ることが、私たちの生きている目的なのかもしれません。

その続きに歌われる、

「何のために生まれて何のために生きるのか」という問いは、それがわからないのではむなしくないですか。私たちが生きるのは、つらい中でも生きる喜びを見つけるためですよ、といっているのではないでしょうか。

続く2番目の歌詞の冒頭では、

「何があなたにとっての幸せですか？　どんなときに心が喜びますか、それを知らないままで人生終わっていってしまってもいいのでしょうか」と投げかけられています。


苦しむために生まれてきた人も、生きている人もいません。みんな幸せになるために生きています。

でも、お酒を飲んでパッと嫌なことを忘れているだけの、つかの間の儚い楽しみだけだと寂しいです。

アンパンマンのマーチは、たとえ、つらく、苦しいことがあって、胸の傷が痛んでも、生きていることを喜べる幸せになるために、私たちは生きているのだと教えてくれているのでしょう。

お釈迦さまも、

「まことの安らぎの境地を得たものの一日は、安らぎの境地を知らずに100年生きたものの人生よりも、はるかに優れている」

とおっしゃっています。

苦しみの中に、見つかる喜びとはどんなものでしょうか。

次の項でも続けて、お釈迦さまの言葉を紹介していきたいと思います。

「人は何のために生きるのか」――お釈迦さまの答えとは

お釈迦さまにある弟子が、

「私たちが、仏道を求める目的はなんでしょうか?」

と尋ねました。

お釈迦さまは、

「それは涅槃《ねはん》を得るためだ」

とお答えになりました。


涅槃とは、**涅槃寂静《ねはんじゃくじょう》**ともいいます。「ニルバーナー」というインドの言葉を翻訳したもので、**ニルバーナーとは、「吹き消す」という意味です。苦しみや悩み**

や不安が吹き消された、安らかで静かな心の境地のことを示しています。

このお釈迦さまが指し示された安らかな心の境地とは、どこにあるのでしょうか。安らぎの境地というと、どこか遠い世界や死んだあとの世界のように思われるかもしれませんが、そうではありません。

今、ここで到れるものなのです。

このことを、

三界皆苦《さんがいかいく》　吾当安此《ごとうあんし》
（三界は皆、苦しんでいる。吾《われ》、当《まさ》に此《これ》に安《あ》んずべし）

とおっしゃっています。

これは、あらゆる人々は皆苦しんでいる。私は今、その苦しみの世界でまことの安らぎを見つけましたという意味です。

「今、まさにここに、安らぎを見つけたぞ」と言われていますから、死んだあとのことを言われているのではありませんね。

三界とは、迷い苦しみの世界のことで、私たちが生きているこの世界のことを指しています。

世の中、いろいろな人がいます。裕福な人もいれば、そうでない人もいる。才能に恵まれた人もいれば、そうでない人もいます。しかし、なければないで苦しみ、あればあったで、失う不安や盗られる心配、恨みや妬《ねた》みに苦しみます。だから、三界皆苦といって、苦しみ悩みの形こそ違え、みんな苦しんでいるといわれています。

「吾、当に此に安んずべし」とは、お釈迦さまご自身のことをいわれているのですが、**私（釈迦）は、当にここ（苦しみ悩みの三界）で安らぎを得ましたという**ことです。

蓮《はす》の花は、きれいな清水ではなく、泥田の中にこそ咲く花です。

仏教に説かれる「まことの安らぎ」は、決して、どこか遠い世界のことではありません。ただいまの苦悩の渦巻く、ここで咲く花です。

お経から「いろは歌」につながる幸せの法則

日本人なら誰でも知っている「いろは歌」は、今から1000年余り前に成立したといわれます。一文字も重複なく、意味ある歌を作り出していて、学校でも少し昔は「あいうえお」の代わりに、カナ文字を学ぶ基礎として使われていました。

いろはにほへと　ちりぬるを
わかよたれそ　つねならむ
うゐのおくやま　けふこえて
あさきゆめみし　ゑひもせす

ですが、果たして、このいろは歌の意味をご存じでしょうか？

実は、いろは歌には、とてつもない深い人生の哲理がこめられているのです。

このいろは歌、お経の言葉をもとにできたという有力な説があります。そのお経の言葉に従って解説してみましょう。

色は匂へど　散りぬるを　……**諸行無常**
我が世誰ぞ　常ならむ　……**是生滅法**《ぜしょうめつぽう》
有為の奥山　今日越えて　……**生滅滅已**《しょうめつめつい》
浅き夢見じ　酔ひもせず　……**寂滅為楽**《じゃくめついらく》

「色は匂へど　散りぬるを」とは、**今を盛りと咲く花も、一瞬の嵐で散ってしまうように、あらゆるものには、常がない（諸行無常）とい**うことです。

「我が世誰ぞ　常ならむ」とは、この世で一体誰が、ずっと生き続ける（常）ことができるだろうか、生まれたからには皆、かならず死んでいかねばならないということです。

これを是生滅法といいます。**生まれたものは滅していく、これが法（道理や真理）であるということ**です。

すべてはうつろい、やがて滅びていく――この世界をいろは歌では、「有為の奥山」と言っています。この「有為の奥山」は私たちの人生のことです。

そして、その苦しみの人生の山道を「今日、越えました」と言っています。

ですから、「有為の奥山　今日越えて」とは、人生の苦しみ悩みを「今、越えました」ということですね。

生滅滅已の生滅とは苦しみのことなので、「苦しみ（生滅）が滅し終わりぬ」ということで、**人生の迷い苦しみを断ち切りましたということ**です。

それはいつなのかというと、「今、ここで」というのが、「今日越えて」の言葉の心です。前項でお話しした涅槃に到ったことを意味しています。

では、苦しみの山道を越えた安らぎの境地、涅槃とはどんな心の世界なのでしょうか。

「浅き夢見じ　酔ひもせず」

浅い夢を見ているようなものではない、酔っ払っている状態でもない、夢醒《さ》めた、酔い覚めた、真に生きることを実感し、その喜びを感じている状態を、「浅き夢見じ　酔ひもせず」と言っています。

お釈迦さまが指し示す涅槃という安らぎの境地は、嫌な現実から逃避して、夢見心地で妄想に浸っているようなものでもないし、お酒を飲んで酔っ払って楽しい気分になっているようなものでもない。迷いの夢や酔いから覚めて、今ここに生きていることの不思議さと尊さをかみしめ、生きていることの素晴らしさを心から味わっている境地です。

最後の「寂滅をもって、楽と為す」とは、**寂滅（涅槃のこと）こそが、楽（まことの幸せ）ですよということ**です。

人生の山道は果てしなく続くように思いますが、かならず今ここで越えたというときがあります。

このいろは歌も、変わり通しの無常の世界にあって、ゆるぎない幸せの身になることができることを示された歌と言えましょう。

薄っぺらい人生と深みのある人生の違いとは

私たちはどんなときに「何のために生きるのか」と生きることの意味を問うのでしょうか？

順調なとき、物事がうまくいっているときは、「何のために」とか「なぜ」と問うことはありません。

仕事が楽しくて仕方がないときは、何のために仕事をするのだろうかという疑問は起きないでしょうし、勉強が好きな子供が、何のために勉強するのかと問うことはないでしょう。

「なぜ」という問いは、行き詰まりを感じ、そこに苦しみを感じたときに起きる疑問です。

どんなに順調な人生にも、老いる苦しみ、病気の苦しみ、そして死んでいく苦しみがあるとお釈迦さまは説かれています。

人生、大きな不幸もなく、つつがなく過ごせることは幸せなことですが、苦しみから、「なぜ」と自分の人生の意味を問うことで、人生がより深くなるものです。

お釈迦さまがおられた時代、三人の僧が仏門に入って、悟りを得たきっかけを語り合っていました。

「私は、家の窓から見えるブドウの樹に、ブドウがたわわに実っているのを見ることに心の安らぎを感じておりました。

ところがあるとき、見知らぬ乱暴な男がやってきて、目の前でその枝をボキッと折り、実ごと地面にたたきつけ、それを踏みつぶしてそのまま行ってしまいました。ブドウの実はつぶれ、地面は薄紫色に染まっていました。

そのとき、私は世の無常ということを悟り、変わらぬ心の平安を得たいと仏門に入りました」

もう一人の僧は、

「私は、ある日、水辺に腰を下ろしていると、婦人がしなやかな手つきで食器を洗っておりました。婦人の手が動くたびに、腕輪と食器が触れ合って美しい音を立てるのです。

腕輪と食器が触れ合うという因縁によって、音という結果が現われたと気がつきました。そのとき、お釈迦さまが説かれる、すべては因縁の結びつきによって生じているという真理を悟ることができました」

もう一人の僧は、

「美しく咲く花に見とれていましたが、突然強い風が吹いて、花があっという間に散ってしまいました。その花の散りざまに、この世はなんと儚いものかと知り、仏の道に入りました」

このお話は、どんな人も、その人それぞれのきっかけがあって、生きることの意味を求め始めることを教えたお話です。

大切なものとの別れや、信じていたものが壊れる苦しい経験も、そこから自分の本当の人生の意味を求めるきっかけになります。

何もない人生は、薄っぺらいものになってしまうかもしれませんが、苦しみや悩みは、その人の人生をより深いものにしてくれます。

根を伸ばすとき、花を咲かせるとき

毎年、春になると美しい花を咲かせる桜も、冬は枯れ木のように葉っぱ一枚ありません。桜の木は、春になるのをじっと待って下に根を張り、花を咲かせる力を蓄えているのです。

下に伸ばした根っこが深ければ深いほど、根は大地から栄養を吸い上げ、素晴らしい花を咲かせることができます。

お経の中に、次のようなお話があります。

ある金持ちの男が、友人の新築祝いに招かれました。友人の家は当時にはとても珍しく、三階建ての家でした。その三階建ての家から眺める景色は素晴らしく、男はその家に惚れこみ、自分も三階建ての家をほしいと思い、早速、大工の棟《とう》梁《りょう》に命じました。

さて、数日たったとき、男は様子を見にいくと、大工たちが地面を掘っております。

「おい、誰が地面を掘れと言った。俺は三階がほしいのだ」

大工は困った顔をしていました。

数日後、男が様子を見にいくと、今度は一階をつくっていました。

「おい、誰が一階をつくれと言った。俺は三階がほしいのだ」

数日後、大工たちは二階をつくっていました。

「いい加減にしろ、何度言ったらわかるのだ。俺は三階をつくれと言ったのに、もう、工事はやめだ」

結局、三階建ての家はできなかったというお話です。

このお話は、**基礎工事を無視して、上に高い建物を建てることはできないように、人生においても、しっかりとした土台や基礎が大切だということです。**

私たちは、とかく人が見上げる高い建物を建てたがります。他人から羨《うらや》まれ、あこがれられることを夢見て願いますが、もしそれを実現したいと思うなら、もっともっとしっかりした土台が必要です。

ところが、地表の下にしっかりした土台を築くことには、あまり心が向かわず、上に上に建物を建てることにばかり、心が向かっていってしまわないでしょうか。

土台がなければ建物は立ちませんし、仮に無理やり建てても、ちょっとしたことでガラガラ崩れる不安定なものにしかなりません。

シドニーオリンピックマラソン金メダリスト・高橋尚子さんに、高校時代の陸上部の恩師が贈った言葉、

「何も咲かない寒い日は下へ下へと根を伸ばせ、やがて大きな花が咲く」

があります。

うまくいかないとき、なかなか芽が出ないときは、不安になってあせってしまいます。

しかし、土台や根っこが深ければ深いほど、やがて大きな花が咲きます。

なかなか結果が出ないときは、寒い冬、ただじっと春のために根を張らす桜のように、じっと今、大地に根を張っていきましょう。

（了）

本書は、本文庫のために書き下ろされたものです。

ほとけさまと心《こころ》が「ほっこり」温《あたた》まるお話《はなし》

著者　岡本一志（おかもと・かずし）
発行者　押鐘太陽
発行所　株式会社三笠書房
〒102-0072 東京都千代田区飯田橋3-3-1
電話　03-5226-5734（営業部）03-5226-5731（編集部）
https://www.mikasashobo.co.jp
印刷　誠宏印刷
製本　ナショナル製本

 ISBN978-4-8379-6962-4 C0130

王様文庫

王様文庫

心が「ほっ」とする ほとけさまの50の話

生活、人づきあい、自分のこと、どんな問題にも、ほとけさまは「答え」を示しています！ ◎「運が悪い」なんて、本当にある？ ◎家族・友人――「釣った魚」にこそ餌をあげよう ◎「自業自得」の本当の意味からわかること……「よい心持ち」で毎日を過ごせるヒント！

岡本一志

心が「スーッ」と晴れる ほとけさまが伝えたかったこと

幸せな人は、幸せになる考え方を知っています。◎「縁がある」とはどういうことか ◎悩んだこと、迷ったことも、一つも無駄ではない ◎どんな〝過去〟があっても――けっして人を見捨てなかったお釈迦さま……この「お話」を一つ知るたび、心がやさしくなる。

岡本一志

ちょっと「敏感な人」が 気持ちよく生きる本

「何かと気になりやすい」「つい頑張りすぎる」……その繊細さ、上手に使ってみませんか。◎「心配事」が消える〝ちょっといいヒント〟 ◎大切にしたい「自分のペース」 ◎「繊細さ」が活きる場所はこんなにある……自分の心を少しずつ軽くする本！

苑田純子［著］
長沼睦雄［監修］

K30548